© 2025 Sebastián Sann. Alle rettigheter forbeholdt.

Ingen deler av denne publikasjonen kan reproduseres, lagres eller overføres på noen måte eller med noen midler - verken elektronisk, mekanisk, ved fotokopiering, opptak, skanning eller på annen måte - uten forfatterens forhåndsgodkjenning, med unntak av korte sitater brukt til kritikk, anmeldelse eller kommentar, i henhold til lovens bestemmelser.

Denne boken er beskyttet av internasjonale opphavsrettslovgivninger. Innholdet, ideene og uttrykkene i denne boken tilhører utelukkende forfatteren. Enhver uautorisert bruk, delvis eller fullstendig reproduksjon eller distribusjon av innholdet vil bli ansett som et brudd på immaterielle rettigheter.

For spesielle tillatelser, samarbeid, oversettelser eller kommersielle lisenser, vennligst kontakt: interno@conscienciadisruptiva.com

KJENN
DEN ENESTE
SANNHETEN

SEBASTIAN SANN

Ansvarsfraskrivelse

Den eneste sannheten er ikke en religion. Sannheten er en opplevelse som har vært begravet i år med frykt.

Sannheten er noe vi alle kan oppleve når vi krever den som vår guddommelige rett. Takket være denne boken har mange mennesker husket sin kraft.

Gloria in excelsis Deo.

*Til deg som ennå ikke tror på noe,
men leser dette.*

INDEKS

INDEKS 7
HVORDAN LESE DENNE BOKEN 11
INNTRODUKSJON 15

KAPITTEL 1
Å LEKE I MATRIXEN 19
    DEN SANNE SANNHETEN 20
        STOPP 1: ØDELEGGE PERSONLIGHETEN 22
        STOPP 2: KUNSTEN Å SLIPPE TAKET 28
        STOPP 3: SKAPE KARAKTEREN 33
        STOPP 4: MENNESKETS ENESTE FORMÅL 40
        STOPP 5: HANDLING INNGIR TRO 72
        STOPP 6: HØYE PRINSIPPER FOR MANIFESTASJON ... 76
        STOPP 7: HØYNE BEVISSTHETSNIVÅET 84
        STOPP 8: Å OPPNÅ DET ENESTE
        NØDVENDIGE FORMÅLET 88
        STOPP 9: Å LEVE I ABSOLUT ALIGNEMENT 92

KAPITTEL 2
Å OPPDAGE MATRIXEN 99

DEL 1: DET ER PÅ TIDE Å VÅKNE 101
    KONTROLLEN OVER MENNESKEHETEN 102
    SÅNN TJENER «DE» PENGER 106
    DE 4 MÅTER Å VELGE PÅ: FRYKT ELLER KJÆRLIGHET ... 109
    UBEGRENSEDE VESENER SOM SPILLER
    EN BEGRENSET OPPLEVELSE 112
    MANNEN SOM KURERTE 16 KREFTPAIENTER
    MED FREKVENS OG VIBRASJON 114
    DET ER IKKE PILLEN SOM HELBREDER DEG,
    DET ER DIN OPPFATNING 121
    FORRETNINGEN MED Å HOLDE DEG SYK 126
    SYKDOM ER EN ILLUSJON 132
    LÅSE OPP DIN MEDFØDTE HELBREDENDE EVNE 135

DEL 2: TENNE LAMPEN I DET SKJULTE 139
    UBESTRIDELIG BEVIS PÅ HVEM VI ER 140
    HELE MENNESKEHETENS FORFEDRE 145
    VI ER ALLEREDE I GANG MED Å SKRIVE
    OM HISTORIEN 149
    KVINNEN PÅ NESTEN 8 METER 149
    GIGANTER LEVER SAMMEN MED OSS
    (SENSURERT INFORMASJON) 151
    FARVEL, UFO-MYSTERIET 153
    IKKE-MENNESKELIG TEKNOLOGI ER ET SPEIL
    FOR DEN SOVENDE MENNESKEHETEN 154
    ANTIGRAVITASJONSTEKNOLOGI 155
    ROMVESENER I JORDENS DYPESTE SJØ 160
    KLARE FOTOGRAFIER AV OSNIS SOM KOMMER
    OPP AV VANNET, SOM BLE SENSURERT 162
    GUD, DET GUDOMLIGE OG DET UTOMJORDISKE
    ER SAMMENFLETTET 167
    SANNHETEN ER IKKE UTE 171

KAPITTEL 3
Å TRANSCENDERE MATRIXEN 175
DEN ABSOLUTTE FORENING 176
GRENSEN FOR VÅRE SANSER 176
REALITETENS PARADOKS 177
DELEN INNEHOLDER HELHETEN 178
STJERNENES MUSIKK 178
Å LÅSE OPP EN UENDELIG MENTALITET 180
SAMSKAPE OPPLEVELSEN 181
DU SKREV DENNE BOKEN 181
ALT DU SER AVHENGER AV DEG 182
Å IKKE VITE ALT ER Å HUSKE ALT 183
SKYGGER AV VIRKELIGHETEN 183
SANNHETEN ER ALLEREDE I DEG 188
GUDENS SANNHET 188
INGENTING ER TILFELDIG 189
VERDEN BLE SKAPT UT FRA VIBRASJON 190
HVEM ER GUD, OG HVOR ER HAN? 218
GUD VERDEN ER DEN ENESTE VIRKELIGE 219
JEG ER GUD, DU ER GUD 220

DEN ENDELIGE SANNHETEN 225
VI ER IKKE SKILT 227
VEIEN SLUTTER IKKE HER 231
FLERE BØKER AV FORFATTEREN 233
TILLEGGSMATERIALE FOR DIN UTVIKLING 235

HVORDAN LESE DENNE BOKEN

Det finnes millioner av bøker, millioner av former, millioner av erfaringer og millioner av opplysninger. Men ingenting av dette forandrer seg hvis det ikke finnes en klar kontekst som støtter innholdet. Enhver handling uten en klar intensjon og et klart formål fører bare til at man går seg vill.

Å lese denne boken er ikke en ubevisst eller tilfeldig handling. Det er ikke nok å bla gjennom den. Hvis ditt engasjement er større enn nysgjerrighet og ego, skal jeg fortelle deg nøyaktig hvordan du skal lese den. Fra dette punktet av vil opplevelsen din avhenge helt av deg selv.

Kjenn den eneste sannheten består av tre essensielle deler, organisert i kapitler og underkapitler:

1. *Å spille i Matrix* (oppvåkningen av Selvet og formålet)

2. *Oppdagelsen av Matrix* (erkjennelsen av systemet og dets mekanismer)

3. *Å transcendere Matrix* (fusjonen med den evige Sannheten)

Rekkefølgen må ikke endres. Dette er ikke en bok du leser fra bak til foran, eller hvor du hopper over sider på måfå. Å kjenne sannheten er en prosess med gradvis avprogrammering, som fjerner lag for lag det som dekker ditt sanne Selv. Å hoppe over en seksjon vil ikke bare forstyrre denne prosessen, men kan også forvrenge den.

Siden dette er en introspektiv bok, må du være introspektiv mens du leser den for å komme i harmoni med energien den inneholder. Jeg anbefaler å lese den med høyfrekvent musikk i bakgrunnen. Noen alternativer du kan finne på YouTube eller Spotify:

- Keltisk musikk
- Tibetanske klokker
- Handpan
- Musikk med mantraer
- 300 Violines Orchestra
- Orkestre generelt
- Solfeggio-frekvenser
- Lyder fra Moder Jord
- Seremoniel musikk (ayahuasca, tradisjonell medisin)
- Kristen musikk

I tillegg bør du etablere en viktig praksis: **besluttsomhet og absolutt forpliktelse til lesetiden din.** Velg en bestemt tidsperiode og hold deg til den. Verken mer eller mindre. Dette vil trene opp konsentrasjonen og ansvarligheten din.

Kjenn den eneste sannheten leses ikke i ett strekk. Det er ikke en bok du kan lese ferdig på en dag. Ta den med deg så lenge du trenger. Min anbefaling: minst 30 dager med rolig og reflekterende lesing, hvor du understreker, leser om igjen og lar informasjonen synke inn.

Informasjonen i denne boken må deles umiddelbart. Det betyr at når du er ferdig med å lese, går du over **til å dele**. Bare når vi deler det vi lærer, utvider vi det i oss selv. Du kan gjøre det ved å ta opp en reflekterende video, ta et bilde av en side som gjorde inntrykk på deg og kommentere den, eller sende en melding til noen nær deg om det du har lest. Kanalen spiller ingen rolle. Det viktige er handlingen. Informasjon som ikke deles, blir stående stille, og som stillestående vann, råtner den.

Denne boken suppleres også med hans **bud**, en praktisk livsfilosofi som hjelper deg å leve sannheten hver dag. Dette dokumentet leveres separat og skal brukes på følgende måte:

- **Før du leser boken.** Skriv ned dine tanker om hvert bud.

- **Når du er ferdig med å lese den.** Skriv ned refleksjonene dine på nytt og sammenlign dem med de første.

- **Hver dag.** Velg et bud som resonerer med din livssituasjon, og sett en påminnelse på telefonen din for å lese det hver time. Fortsett denne praksisen i minst 30 dager.

La vår reise mot selvoppdagelse begynne.

SKANN OG LAST NED

SANNHETENS BEFALINGER

Kode som låser opp ressursen: **222**

(du trenger den etter at du har opprettet kontoen)

INNTRODUKSJON

Å søke etter sannheten synes å være en naturlig tilbøyelighet hos mennesker. Å finne den, derimot, er et privilegium forbeholdt de få. Da jeg skrev dette verket for noen år siden, var mitt formål å oppfordre til å slutte å lete etter svar bare i den ytre verden, for å begynne å leve et roligere liv, hvor fred og kjærlighet styrer våre hjerter hver dag.

Kjenn den eneste sannheten har forandret seg, akkurat som mitt eget liv. I denne nye utgaven er rekkefølgen, ordene og fremfor alt intensjonen endret. Før var målet å vekke verden. I dag, selv om det formålet fortsatt består, er målet også å fjerne bindet for øynene våre for å se utover det åpenbare og fremfor alt vekke den indre verden: det eneste rommet hvorfra det er mulig å se en virkelig forandring på utsiden.

Gjennom mine erfaringer lærte jeg å gjenkjenne visse lover, mønstre, tro og handlinger som lar oss gå utover det vi når med egoets øyne. Jeg oppdaget hvordan vi kan få livet til å konspirere til vår fordel og gi oss det vi lengter etter. Og også noe befriende: alt jeg ser, har jeg skapt selv. Det inkluderer det vi kaller «matriksen» eller «systemet». Det kan høres mystisk ut, men det er det ikke.

Min intensjon med denne boken er at du skal forstå at du aldri har vært atskilt fra sannheten, selv om vi for å nå den må gå inn i konsepter som det rasjonelle sinnet ikke alltid klarer å omfavne.

Altfor lenge har vi lyttet til egoets stemme som hvisker til oss at «der ute» er det noen som har kontrollen. Men nå er tiden kommet for å investere tid i sannheten. På dette jordiske plan finnes det bare to veier: å la seg dominere av egoet (assosiert med djevelen, negativiteten) eller å la Gud – det guddommelige, den høyere bevisstheten, positiviteten – lede oss.

I den forrige versjonen av denne boken nevnte jeg at det fantes mange sannheter. Og det er sant, det gjør det. Men ingen av dem er den eneste. I dag søker denne teksten å gjennomsyre den som leser den med den Sannheten som ikke tillater tvetydigheter.

Tvil, usikkerhet og mistillit har bare ført til at vi har gått på måfå, uten retning, spesielt når motgang banker på døren. Med hver side i denne boken vil du vende tilbake til det eneste stedet du alltid har vært: her og nå.

Vi vil gå inn på dype og åndelige konsepter, men også på praktiske og verdslige aspekter. Du vil oppdage at den ytre og den indre verden utfyller hverandre intimt når det gjelder å bygge et liv i glede eller lidelse. Og at vi mennesker har en superkraft som nesten alltid blir dårlig utnyttet: besluttsomhet.

Kjenn den eneste sannheten har som mål å hjelpe deg med å gjenkjenne det som alltid har vært inne i deg: den medfødte kraften som vi har valgt å ikke se, eller som vi har brukt til formål som ikke er i tråd med vår sanne essens. Tiden er kommet for å prioritere kjærligheten fremfor alt annet. Tiden er kommet for å huske at vi alle er ett.

Før du fortsetter, inviterer jeg deg til å puste dypt og slippe alle forventninger: til meg, til denne boken eller til den e ne sannheten. Når du leser den første delen, vil du forstå den dype forskjellen mellom å ha forventninger til noe og å så intensjon. De fleste legger sine håp i det ytre, og det bringer bare smerte.

Det første trinnet vil være å fjerne sløret som eksisterer mellom deg og virkeligheten. Vi vil ikke gjøre det med ett slag, for å rive av et bandasje som har sittet så lenge kan være smertefullt og blende deg. Egoet – den indre, snakkesalige og begrensende stemmen – vil vi begynne å bruke til vår fordel i stedet for mot oss. Du vil oppdage hvordan det stille har styrt dine dager, og hvordan du kan forvandle det til en alliert for å skape et nytt liv og en ny virkelighet.

Når vi endelig tar spranget og bindet i stor grad faller av, kan vi gå videre. Hvis vi gjorde det før, ville sinnet igjen fylles av tvil og forvirring, og forsterke sløret som dekker denne verden som for de fleste mennesker synes å være «den virkelige». Her vil du forstå hvorfor den ikke er det, og hvorfor troen på den har holdt deg tilbake fra å leve opp til ditt sanne potensial.

Når du ser på livet uten bindet som i dag dekker virkeligheten din, vil du ikke bare begynne å forstå, men også å forstå. Forståelsen tilhører fornuften; forståelsen, derimot, innebærer en dyp følelse som avslører at sannheten alltid har vært en del av deg.

På dette stadiet vil egoet ditt begynne å sette sammen brikkene, føle, reflektere og stille spørsmål ved det du siden fødselen har ansett som virkelig. Dette er den mest pragmatiske delen av boken, og kanskje den mest utfordrende for noen. Men når du ser på den uten bindet for øynene, vil den være befriende og dypt transformerende.

Etter hvert som vi går videre på denne reisen, vil grensene begynne å forsvinne og barrierene falle en etter en, som dominobrikker.

Med dette verket du nå holder i hendene, inviterer jeg deg til å ære det, respektere det og behandle det som det virkelig er: en forlengelse av deg selv. Det du vil fortsette å lese, føle og oppleve tilhører deg, og i den erkjennelsen begynner veien mot den eneste sannheten.

KAPITTEL 1
Å LEKE I MATRIXEN

DEN SANNE SANNHETEN

*«Har du noen gang følt at du kjente
sannheten, men ikke kunne leve etter den?*

Matrixen er ikke digital, den er emosjonell. Å etablere grunnlaget for sannheten er det som vil gjøre oss i stand til å bære et kraftfullt innhold. Vi mennesker spiller et dualistisk spill. Problemet er at mange ikke engang vet at de er med i et spill, og andre spiller det uten å kjenne reglene. Noen tror de er store mestere, men blir sinte på andre. Andre sier de er store elever, men blir irriterte når de blir korrigert.

Dualitet er det motsatte av det vi har lært: det er ikke separasjon, det er forening. Vi deler det bare for å kunne forklare det med ord, men når vi ser nærmere på det, viser det seg at det ikke er to forskjellige ting, men én ting sett fra to vinkler. Lys og skygge, liv og død, nytelse og smerte... alt er del av samme hjerteslag.

Tenk på det slik: for å kunne lese denne boken, måtte du først ikke lese den. Hvis du bare leste uten å være bevisst på det du ikke hadde lest før, ville du ikke kunne oppfatte det. Det høres paradoksalt ut, men nettopp dette paradokset avslører en dypere sannhet: alt skjer samtidig, selv om vi bare oppfatter en mikroskopisk del av helheten.

Det du kaller «din virkelighet» er bare ekkoet av det din begrensede oppfatning kan bære uten å kollapse. Den bindingen du har på deg har ikke tillatt deg å se tingene som de er, men selve dens eksistens innebærer at det var et øyeblikk – om enn flyktig – da du ikke hadde den på deg. Det er det skjulte minnet i sjelen din som har ført deg hit.

Når en person slutter å leve som slave av en enkelt polaritet og forstår at hver side av mynten inneholder den andre, begynner grensene å bryte sammen en etter en. Å forstå verden du befinner deg i er ikke valgfritt: det er det første virkelige skrittet for å velge noe annet og dermed avprogrammere deg selv.

Tenk et øyeblikk: Hva om det var du selv som programmerte systemet som kontrollerer deg, uten å være klar over det? Dette er ikke bare et provoserende spørsmål. Det er en direkte invitasjon fr til å begynne å deaktivere autopiloten. Det tankesystemet som styrer absolutt alt i livet ditt, uten at du er klar over det.

Vi vil gå trinn for trinn for å fjerne de troene som i dag hindrer deg i å være den du er. De er som steiner som tynger sjelen, og det er viktig å slippe dem. Ved slutten av boken vil det ikke være noen igjen. Men nå er det arbeid å gjøre.

Vi har en tendens til å tro at vi trenger å legge til ting i livet vårt: flere gjenstander, flere aktiviteter, mer kunnskap, mer bekreftelse. Paradokset er imidlertid at å huske hvem du er, ikke handler om å samle, men om å gi slipp.

En av de dypeste hemmelighetene du kan integrere nå, er at du ikke kom for å knytte deg til noe, men for å frigjøre deg. Du er ikke her for å samle, men for å gi slipp. Det virkelige arbeidet i dette spillet er å gi slipp på ting. Det betyr ikke at du ikke skal «ha» ting (som du vil se senere, kom du for å forvalte, ikke for å eie), men at du må utvikle nok kløkt til at tingene du har ikke eier deg.

Og nei, dette er ikke en del av en ny strømning som hevder at ingenting betyr noe. Tvert imot: det er en del av en autentisk vei, hvor du erkjenner dine tilknytninger, men forstår at du er mye mer enn dem.

Denne boken ble ikke skrevet for å forbedre din karakter. Den ble skrevet for å ødelegge den. Og det første vi skal gjøre på denne reisen er nettopp det.

STOPP 1: ØDELEGGE PERSONLIGHETEN

«Den delen av deg som skjelver av frykt, må gjennomgå en slags korsfestelse, slik at den delen av deg som fortjener større ære, kan gjennomgå en slags reinkarnasjon.»

I mange sirkus rundt om i verden står voksne elefanter bundet til en enkel påle som er slått ned i bakken. Det er ingen tunge kjettinger eller stålbur. Bare et tynt tau, knapt strammet, som hvem som helst ville tro kunne brytes lett. Men det gjør de ikke. De rømmer ikke. De prøver ikke engang. Hva skjer?

Svaret ligger i fortiden.

Da disse elefantene var små, ble de bundet fast med det samme tauet. Da hadde de ikke nok styrke til å frigjøre seg, selv om de prøvde med alle krefter. Dag etter dag kjempet de mot denne begrensningen... inntil de, etter mange mislykkede forsøk, bare sluttet å prøve.

Da de var små, ble de ubevisst innprentet troen på at det var umulig å rømme.

Med tiden vokste kroppene deres, men troen deres forandret seg ikke. Så da de var sterke nok til å frigjøre seg uten anstrengelse, gjorde de det ikke. De prøvde ikke lenger fordi de fortsatt var overbevist om at det var nytteløst. Tauet bandt dem ikke lenger... det som holdt dem fanget var sinnet deres.

> «Det du sådde i fortiden, høster du i nåtiden. Det du sår i nåtiden, høster du i fremtiden.»

Mange tror at å våkne opp er å samle inspirerende sitater, meditere eller spise sunt. Men den virkelige oppvåkningen begynner når vi konfronterer det vi ikke vil se i oss selv. Det er nettopp i vår mørkeste side, i våre frykter, at det største potensialet for vekst ligger.

Det som kalles «skyggen» – eller psykologisk sett «det ubevisste» – rommer våre dypeste hemmeligheter og også vår største skjulte kraft.

En stund lagde jeg en serie på Instagram kalt *Los falsos espirituales* (De falske åndelige). Jeg svarte på kommentarer med direkte refleksjoner, med det formål å vise de ubevisste mekanismene som mange forsvarer som om de var sannheter. Det merkelige var at de fleste ble fornærmet med en gang. Ikke fordi det jeg sa var voldelig, men fordi det berørte en del av deres personlighet som de ikke var klare til å gi slipp på.

Den serien lærte meg to ting:

1. Svarene var ikke til dem, de var til meg.

2. Svarene var ikke til alle, men til de som våget å se utover egoet.

Siden da har jeg forstått noe som jeg vil si uten omsvøp: Det spiller ingen rolle hvem du tror du er. Du kommer til å legge det bak deg nå.

For jeg vet hva du virkelig ønsker. Du ønsker sannhet, men også et rikere liv. Kanskje å stifte familie, forbedre forholdet ditt, tjene mer penger eller lære å nyte det du har uten skyldfølelse. Kanskje du vil slutte å overleve og begynne å leve. Detaljene spiller ingen rolle. Det som spiller en rolle, er at det du søker, ikke vil finne du ved å være den du har vært til nå.

Og du er ikke alene. Alle har vi på et eller annet tidspunkt spilt det samme spillet. Vi trodde at rollen var den virkelige. Vi identifiserer oss med det vi har, med det vi mener, med det som har gjort oss vondt, med det vi har gjort galt. Og ut fra det bygger vi en begrenset identitet.

Problemet er ikke at den er falsk. Problemet er at den er ufullstendig. Og det ufullstendige, når det forsvares som sannhet, blir til et fengsel.

Denne karakteren er dannet av ubevisste overbevisninger, arvelige mønstre, lånte ideer og uløste smerter. Den lever fanget i det jeg kaller den *inaktive siden*: siden med smerte, klager, skyld, straff, knapphet og frykt. Det er siden av livet hvor egoet hersker, selv om det er forkledd som spiritualitet eller gode intensjoner.

Men det finnes også den aktive siden av uendeligheten. Et rom hvor du får tilgang til din sanne identitet, hvor du t er i tråd med Gud, med Kilden, med Sannheten. Et rom hvor livet ikke reageres på, men skapes.

Forskjellen mellom den ene siden og den andre? Valget. Men du kan ikke velge hvis du ikke tar av deg bindet. Og det bindet er karakteren. Derfor er det første vi skal gjøre å ødelegge den. For hvis du ikke gjør det, vil alt du leser i denne boken bli tolket fra det fengselet. Og det ønsker jeg ikke for deg.

Derfor kommer her det første store spørsmålet: Er du villig til å slutte å være den du tror du er?

Hvis svaret er ja, har du allerede valgt. Og når man velger med sjelen, endres virkeligheten.

Derfor, før vi går videre, vil jeg be deg om å gi slipp på følgende. Det er ikke en straff, det er en frigjøring. Vi gjør det for å komme i kontakt med sannheten. Ingen mennesker kan koble seg til Kilden hvis de ikke aktivt søker den. Og Kilden er med oss akkurat nå; det å ikke se den er nettopp problemet.

Av den grunn vil du i første omgang begynne å leve sannheten. For sannheten finnes ikke, den leves. Og for å gjøre det, er vår oppgave å gi slipp på ballasten, ta av oss bindet for øynene og ta det virkelige skrittet.

Er det ubehagelig? Ja.

Vil du ikke gjøre det? Kanskje.

Vil det føre deg til et nytt nivå av forståelse? Uten tvil.

TING DU SKAL SLUTTE MED FRA I DAG

- **Laser** (pornografi, videospill, sigaretter eller andre vaner som stjeler energi fra deg).

- **Rusmidler** (alkohol, marihuana eller andre stoffer som tar deg ut av balanse).

- **Dømming av andre** (du er ikke lenger dommer over noen).

- **Begrensende omgivelser** (gammelt tøy, steder som gir deg stagnasjon, mennesker som tapper deg for energi).

- **Giftig mat** (slutt å forgifte kroppen, sinnet og sjelen din med bearbeidede produkter og kjemikalier).

- **Miljøer med lav vibrasjon** (tomme fester, roping, fryktkonsum).

- **Giftige sosiale nettverk** (slutt å følge dem som ikke løfter bevisstheten din).

- **Nyhetsprogrammer** (programmert for å fylle deg med frykt og distraksjon).

Hvorfor er dette nødvendig?

Fordi en forgiftet person ikke kan se noe, verken utenfor eller innenfor. Hvis du vil kjenne sannheten, må du først rense deg for alt som hindrer deg i å se. Å ikke gjøre det ville være som å ville kjøre videre med en frontrute full av riper og skitt. Først renser vi den, så kjører vi videre med klarhet, overbevisning og sikkerhet.

Hvis du forventet at jeg skulle gi deg en ferdig sannhet her, har du valgt feil forfatter og bok.

Jeg kom ikke for å gi deg en sannhet. Jeg kom for å veilede deg slik at du kan oppdage den eneste sannheten selv. Og det oppnås ikke ved å samle setninger, konspirasjonsteorier eller kunnskap. Det oppnås ved å slippe lagene til ditt sanne selv, det høye «jeg», kommer frem.

Vi kommer tilbake til det senere. Foreløpig kan du betrakte dette som en innledende renselse. En symbolsk handling. En gjenfødelse.

Hvis noe av det du leser gjør deg ukomfortabel, hvis du mener at du ikke burde gjøre det eller at det ikke er nødvendig, still deg selv et ærlig spørsmål:

Leser jeg denne boken for å lære eller for å bekrefte det jeg tror jeg vet?

Fra mitt perspektiv er det ulogisk å lese en bok og tro at du allerede har alle svarene, for i så fall ville du bare bekrefte din arroganse og mangel på ydmykhet. Hvis du bestemte deg for å kjøpe denne boken eller bruke tid på å lese den fordi du føler at den kan hjelpe deg med å endre livet ditt, er det minste du kan gjøre å være mottakelig, la deg veilede og få mest mulig ut av tiden du investerer.

Hvor mange mennesker kjøper kurs, bøker, opplæring, retreats, går på arrangementer... og så fortsetter livet deres akkurat som før? Har du spurt deg selv om det? Jeg har det. Mange ganger. Og jeg opplevde det selv i begynnelsen av min «søken etter kunnskap». Jeg konsumerte informasjon uten å bruke den, i håp om å oppdage noe nytt som ville forandre livet mitt. Men ingenting forandret seg, fordi det vesentlige – jeg, som skaper – ikke forandret seg. Min holdning når jeg lyttet til mentorer eller forfattere var arrogant, fra det stedet hvor «jeg , jeg vet allerede». Og når man er der, lukkes kunnskapstanken. Ingenting kommer inn.

Så hvis du skal fortsette å lese, tøm tanken. Invester tiden din klokt og la deg veilede, fordi...

> *«Tro uten handling er død tro.»*

Når det er sagt, la oss fortsette med denne renselsen og tilpasningen, og slippe taket i alt fra det dypeste til det mest overfladiske som akkurat nå svirrer rundt i hodet ditt.

Sannheten begynte sterkt, ja. Men ikke bli redd: hvis denne boken kom i dine hender, er det fordi du allerede er klar til å lese den. Du er allerede klar til å motta all informasjon og instruksjoner slik at den «endringen» du sikkert ba universet om, endelig kan begynne å ta form. Ellers ville du aldri ha kommet over den.

STOPP 2: KUNSTEN Å SLIPPE TAKET

Få mestrer denne kunsten, og likevel er den en av de viktigste for å kunne opprettholde alle andre. Merkelig, ikke sant? Kunsten å gi slipp – kunsten å gi slipp – er paradoksalt nok den som lar oss opprettholde mest.

Med tiden oppdaget jeg en veldig enkel filosofi: hvis du ikke vil at noe skal eie deg, så ei ikke noe. Og hvis noe kommer inn i livet ditt, så forstå at du bare forvalter det for en stund.

Men vent litt... jeg sier ikke det du tror.

Å ikke eie noe betyr ikke at du ikke kan kjøpe den bilen, det huset, eller at du må flytte til Himalaya og leve som en munk eller bli hippie i India.

I 2024 tiltrakk jeg meg en Porsche Cayman S, en vakker sportsbil som markerte et vendepunkt i livet mitt. Men det var ikke av den åpenbare grunnen – det var ikke fordi jeg ble den første personen i byen min og omegn som hadde en sportsbil av det kaliberet parkert hjemme hver dag – men fordi den bilen brakte mine tilknytninger, mine grenser og mine frykter frem i lyset som ingenting annet hadde gjort før.

De første dagene jeg hadde den i garasjen, begynte jeg å merke hvordan jeg ble stadig mer knyttet til detaljene: om den ble riper, om den berørte bunnen når jeg kjørte, om den ble skitten... og så videre.

Min ekspansive intensjon – å overvinne en frykt og kjøpe en sportsbil mens jeg bodde i en landsby med 1500 innbyggere og var en ung forfatter – ble overskygget av egoet mitt, som hver dag minnet meg på hvor «farlig» beslutningen min var.

Da jeg skjønte hva som skjedde, begynte jeg raskt å ta grep. Først observerte jeg det. Hver gang den lille stemmen av frykt dukket opp med en negativ kommentar, oppdaget jeg den og overga den til Gud, og sa ting til meg selv som: «Hvis den får riper, er det fordi den måtte få riper.» «Hvis den berører bunnen, er det det som måtte skje.» «Jeg kjøpte den for å inspirere andre, ikke for at ingenting skulle skje med den.»

Litt etter litt begynte jeg å omprogrammere tankene mine. Jeg sluttet å leve i beredskap. Jeg sluttet å beskytte meg mot verden. Og jeg begynte å overgi meg til den.

Jeg oversvømmet mine destruktive tanker med nøytrale, virkelige og også positive tanker. Og det var fra denne endringen at magien begynte.

Jeg begynte å dele videoer av bilen og avkoblingen på sosiale medier, og de ble virale. I begynnelsen forsto jeg ikke hva Guds hensikt med den bilen var for meg. Men etter å ha sett hvordan så mange videoer som snakket om at bilen var et lån fra Gud, at jeg leide den av Ham, at jeg bare administrerte den for en stund – blant andre titler jeg brukte – resonnerte med tusenvis av mennesker... så jeg det klart.

Et enkelt metallobjekt gjorde det mulig for meg å vise verden en måte å leve på uten tilknytning. En ekte måte, forbundet med den universelle sannheten og dermed med den uendelige kilden, med bevisstheten som opprettholder alt som er.

Jeg visste at jeg bare forvaltet den. Men noen ganger overbeviser vi oss selv om at ting burde vare lenger. Og det er da vi igjen kompliserer livet vårt: ved å tro at det materielle vil gi oss den lykken vi søker... når det i virkeligheten er slik at ingenting i verden kan gi oss det vi virkelig søker: fred.

Vi vil føle lykke mange ganger, med mange ting. Men det er ikke noe som varer eller opprettholdes, fordi det er noe fra verden. Fred, derimot, trenger ikke en grunn.

Den måten å leve på som du vil lære i denne boken, er motsatt av den som verden lever etter. Jeg skal vise deg Sannheten, nettopp for at du skal kunne leve i den.

Denne prosessen begynner med ord og åpenbaringer som disse. Men når du først har begitt deg ut på denne veien, vil det være umulig å se på livet som før.

Med dette sier jeg ikke at du ikke skal ha materielle ting. Det jeg sier er at du ikke skal tro at de er dine. Og den forskjellen forandrer alt.

Når du kjøper en bil, er den pragmatisk sett din. Uten tvil. Men åndelig sett er den ikke det: den er bare et lån fra Gud.

Hvorfor er ikke bilen din din bil, men bare et lån fra Gud? Fordi oppfatningen som får oss til å tro at noe er «vårt», bare ser det som våre verdslige øyne kan se, uten å kunne oppfatte den åndelige virkeligheten i situasjonen: at alt er Guds verk.

Mørket er ikke virkelig, det er bare fravær av lys. Derfor er det du kaller «tap» i et bestemt øyeblikk, bare en illusjon skapt av din oppfatning, som forteller deg at noe var der og nå ikke er der lenger. På sam måte er det du kaller «gevinst» også en illusjon: du føler at du har noe fordi du ikke hadde det før.

Ingen av delene er reelle. De får bare «realitet» i egoets øyne. Og problemet er at egoet identifiserer seg med formen, uten å klare å se det som opprettholder formen. Det er sløret vi begynner å løfte.

For å komme videre og skape karakteren vi skal spille i denne Matrixen og oppdage den eneste sannheten, er det avgjørende å gi slipp på mer av det vi klamrer oss til. Og denne løsrivelsen begynner ikke på det ytre, men på det indre. Først aktiveres den på det åndelige plan, og deretter reflekteres den på det materielle plan.

Det handler ikke om å leve uten å ha, men om å lære å ha uten at det eier deg. Det betyr ikke at du ikke skal kjøpe, nyte eller bruke ting; det betyr at når du gjør det, skal du huske at alt som kommer inn i livet ditt er midlertidig: et lån som du før eller senere må betale tilbake. Det «en gang» kan være når du forlater denne kroppen, eller kanskje mye tidligere. Men hvis din fred avhenger av det, så er det ikke fred.

> *«Den virkelige kraften ligger ikke i å holde fast, men i å gi slipp uten å miste seg selv. For det eneste som virkelig tilhører deg ... er ditt valg.»*

Dette prinsippet er ikke symbolsk. Det er en måte å leve på. Og når du legemliggjør det, legger du grunnlaget som gjør at du kan bære den ytre verden uten at den slår deg ned: en solid indre verden av overflod, hvor løsrivelse slutter å være en anstrengelse og blir en grunnleggende, naturlig og frigjørende filosofi.

I dette spillet er det eneste permanente forandring. Og hvis du klamrer deg til ting, inngår du en direkte avtale med lidelse, fordi alt i den ytre verden er i konstant bevegelse. Alt forandrer seg, alt endrer seg, alt går forbi.

Når du erkjenner at ideen om «dette er mitt» bare er en tro, dukker muligheten opp til å overskride denne tilknytningen. Og når du slipper taket, åpnes det seg plass i livet ditt til å motta det du alltid har ønsket deg, men ikke lenger fra et tomt ønske, men fra en indre visshet om at det tilhører deg... nettopp fordi du sluttet å jage etter det og ble i stand til å forvalte det.

Det er ikke det samme å fylle et tomrom som å uttrykke seg fra fullkommenhet. Det er ikke det samme å streve for å oppnå noe som å tiltrekke det fra sin egen vibrasjon.

98 % av verdens befolkning løper etter gulroten hele tiden. De starter opp «for å være fri», for å tjene penger og kjøpe seg ting. De studerer for å få en jobb, tjene penger og kjøpe seg ting.

De gjør alltid noe for å oppnå noe, i stedet for å stoppe opp, se innover, omfavne tomrommet, tenne et lys i mørket, se på skyggen og fylle den med nærvær. Og der ligger nøkkelen. Ikke i anstrengelsen, men i overgivelsen. Ikke i kontrollen, men i overgivelsen.

La oss fortsette.

La oss gå videre til neste fase: å skape karakteren som skal spille dette spillet.

I den første fasen fokuserte vi på å ødelegge den forrige versjonen, og så på den med kjærlighet, forståelse og takknemlighet. Nå er neste nivå å bygge med hensikt. Vi tok et første skritt. Nå tar vi det tredje. Det andre tok Gud allerede.

STOPP 3: SKAPE KARAKTEREN

«Du kan være, gjøre og ha alt du ønsker deg i livet.»

Denne setningen preget fullstendig min forståelse av «virkeligheten». Den virker enkel, men inneholder den viktigste hemmeligheten som vi mennesker er utstyrt med: en glemt hemmelighet, forvrengt av mange og misbrukt av like mange.

I denne delen får du en klar, presis og rett på sak-veiledning om hvordan du kan bli det du alltid har ønsket å være, hvordan du kan gjøre det du alltid har ønsket å gjøre og hvordan du kan få det du alltid har ønsket å ha. Du vil se at det ikke er noe mystisk ved det, men at det er praktisk, enkelt og helt i tråd med universelle lover.

Bare tenk på følgende:

> *«Enten du tror det er mulig eller ikke, vil du ha rett.»*

Nå skal du lære å spille på livets positive side. Å spille sammen med Gud, og forstå hvor viktig dette er når det gjelder å oppnå absolutt alt du ønsker deg.

Men før du skaper den karakteren som vil være nødvendig for en slik oppgave, la meg avsløre hva det egentlig betyr. Karakteren er ikke en maske eller en kunstig versjon av deg selv. Den er det reneste uttrykket for din sjel inkarnert i denne dimensjonen. Den er verktøyet du vil bruke for å manifestere ditt formål, utvide din bevissthet og tjene verden.

Jeg er sikker på at du på dette tidspunktet allerede har lagt mange hindringer bak deg, og hvis du fortsetter å lese, er det fordi du virkelig er opptatt av sannheten. Så la oss fortsette å frigjøre sinnet fra falske bånd.

Nå som du har sluppet negative og giftige vaner og måter å oppføre deg på, kan vi begynne å legge til nye måter å leve på som er i tråd med utviklingen av ditt Vesen. Når et menneske fokuserer på det som opprettholder det – den åndelige delen – forvandles livet fullstendig. Men for å se det som ikke sees, må vi lære å se med nye øyne. Når bindet faller av, dukker det opp en klarere, mer virkelig og stille måte å se på, som alltid har vært der, selv om vi ikke har oppfattet den. Det er denne visjonen som opprettholder alt.

> *«Den ytre verden er skapt i likhet med den indre verden. For at noe skal eksistere, må det først sees et sted, og det stedet er sinnet.»*

Når du skaper karakteren, må du sørge for å følge punktene jeg nevnte tidligere og være virkelig forpliktet til dem alle. Hvis ikke, bør du ikke fortsette å lese denne boken. Dette er veldig kategorisk, og jeg vet at jeg tar en risiko ved å si det på denne måten, men du kom for å finne sannheten, og det er vår standard. Jeg vet at det vil ta lengre tid å gi slipp på noen ting, men hvis du beholder gamle tankemønstre, hvis du beholder gamle atferdsmønstre, hvis du beholder samme måte å kommunisere på, kan du ikke forvente at ditt «sanne jeg» skal dukke opp. Hvis du ser dypt inn i det, er det vi gjør å skape beholderen som sannheten kan strømme gjennom. Å ikke følge trinnene som er beskrevet fra begynnelsen, vil bare forvirre sinnet ditt enda mer. Dette er ikke en bok for å underholde egoet ditt, men for å transcendere det. Jeg vet at det er vanskelig å lese disse linjene, men det mest smertefulle er å beholde en identitet basert på u g frykt som hver dag skiller deg litt mer fra det du virkelig er og alt du kan gjøre eller ha.

Husk: vi må gjøre det ubevisste bevisst. Og for å oppnå det, er verktøyet å gi slipp på det vi trodde vi var, å løsrive oss fra den begrensede versjonen som ikke lenger representerer oss. Mange mennesker fokuserer bare på å oppnå, og det bekrefter bare tomheten de føler. Derfor insisterer jeg så mye på at vi først må kvitte oss med lagene av frykt som skygger for synet.

Denne boken vil heve nivået. Du vil oppdage ting i denne verden som få er i stand til å tolerere. Ubehagelige sannheter. Godt bevarte hemmeligheter. Opprørende avsløringer. Derfor må du se på denne innledende prosessen som en renselse. Vi gjennomfører en ekte hjernevask, men ikke som den systemet gjorde, men en indre, kjærlig og frigjørende hjernevask.

Det vil komme frem ting du ikke liker ved deg selv. Det vil dukke opp murer og grenser du ikke hadde sett eller visste at du hadde. Det vil manifestere seg indre motstand, konflikter fordi du ikke vil følge instruksjoner, sinne forkledd som skepsis.

Konflikter som: «Skulle ikke denne boken handle om romvesener, den skjulte eliten og konspirasjoner? Og nå sier du at jeg må ta av meg bindet først, uten å avsløre noe eksternt ennå?» Det er egoet ditt som klager. Du vil etter hvert lære å temme det og omdirigere det mot sannheten. Det er målet, og det er det vi jobber med.

Jeg vil bare si at du ikke må undervurdere det som skjer nå. Å lese denne boken skaper nye forbindelser i ditt vesen, og vi har bare så vidt begynt.

> *«Det som kommer inn, skaper det som kommer ut.*
> *Derfor passer en klok person ikke bare på hva han*
> *spiser, men også på hva han hører og leser.»*

La meg nå avsløre noe viktig for deg: Det vi tidligere kalte «Djevelen» og «Gud» er bare to sider av samme sak. De er det samme, men fungerer på forskjellige måter. Djevelen er den delen som bedøver deg, som forsterker illusjonen, som vil at du skal forbli sovende (negativ pol). Gud er den delen som vekker deg, som minner deg om hvem du er, som viser deg at selv med øyebind på kan du se, eller at du kan ta det av når du vil (positiv pol).

Symbolsk representerer «bindet» tanker, tro, følelser og mønstre som skygger for synet ditt. Som hindrer deg i å se hele bildet, tenke utenfor boksen eller leve utenfor manuset. Bare det å fortsette å lese, forstå og anvende det du leser, gjør at bindet gradvis løses opp.

Selv om du fortsatt har troer og bindet ikke har forsvunnet helt, vil du begynne å føle sannheten i hver eneste pore av ditt vesen. Selv uten å se den. For sannheten sees ikke, den gjenkjennes.

Dessuten må du forstå at det jeg nevner ikke er noe nytt eller skjult. De som styrer verdenssystemet vet det, og de bruker det. Symbolene som er ladet med makt, «tilfeldighetene» som egentlig ikke er tilfeldigheter... Den som dominerer det materielle spillet, gjør det ikke fordi han dominerer materien, men fordi han vet hvordan han skal bruke sin energi: sine tanker. Han tenker i tråd med det han ønsker.

Jeg husker fortsatt første gang jeg hadde et åndelig oppvåkning – eller i det minste det jeg kaller det. Jeg hadde planlagt livet mitt for å bli pilot i det uruguayanske luftforsvaret, men av tekniske årsaker ble jeg utestengt fra den muligheten. Det året, da jeg følte meg helt fortapt og uten retning, begynte jeg å lete etter svar på det eneste stedet systemet sa at de var: pengene.

Hvis det var noe jeg hadde forstått, var det at alt dreide seg om å studere for å få en jobb, så jeg tenkte: «Hva om det finnes en annen måte?» Det spørsmålet fikk meg til å lete etter alternativer, og mens jeg søkte, begynte jeg å se videoer om hvordan finanssystemet fungerte, om måter å tjene penger på uten å gå på universitetet, og for første gang følte jeg ordet *entreprenørskap* banke i brystet.

Ja, min første bevisstgjøring var økonomisk. Jeg begynte å lese bøker om åndelig økonomi, å lære om verdensøkonomien, eiendom, metoder for å tjene penger på internett og en rekke andre ting. Det viktigste: hjernevaskingen min hadde begynt. Siden da har jeg aldri sett på livet på samme måte. Men selvfølgelig, uten å innse det, begynte jeg å jage en ny gulrot. Det handlet ikke lenger om å få en jobb for å tjene penger, nå handlet det om å starte en bedrift for å tjene penger. Jeg hadde bare byttet middel, men fokuset mitt var fortsatt på å ha.

I årevis mislyktes alt jeg satte i gang. Jeg klarte ikke å tjene penger på noen av prosjektene mine, og det eneste jeg gjorde var å øke gjelden på kredittkortet som faren min lånte meg til utgifter, delvis på grunn av min uvitenhet og manglende selvkontroll.

Selvfølgelig slutter ikke historien der. Etter så mange tilbakeslag forsto jeg endelig at jeg måtte slutte å jage. Jeg begynte å dedikere meg utelukkende til å skape personen. Å fokusere på meg selv, uten distraksjoner, og fjerne alle forstyrrelser som preget hverdagen min. Det innebar å distansere meg fra folk jeg kalte venner, slutte å konsumere negativ nyhetsformidling og begynne å passe på absolutt alt som kom inn i mitt felt gjennom sansene.

Første gang var oppvåkningen ytre. Jeg så bindet og ville rive det av med vold, bare for å sette på et annet. Denne andre gangen sluttet jeg å fokusere på bindet og så innover. Bindet var fortsatt der, men takket være hver forståelse, refleksjon og motgang jeg brukte som læring, skapte jeg en ekte karakter. Den eneste mulige: den som ikke forfølger, den som er full, den som vibrerer av kjærlighet og den som utvider seg kontinuerlig. Den samme som jeg inviterer deg til å skape nå.

For å skape karakteren i denne Matrixen, vil vi bruke denne formelen som veiledning:

VÆRE – GJØRE – HA

Denne formelen er broen mellom det usynlige og det synlige, mellom det som er og det du opplever. Hvis du bruker den riktig, vil du kunne manifestere med integritet alt det sjelen din kom for å oppleve.

- **VÆRE** representerer den indre verden av dine nåværende overbevisninger.

- **GJØRE** representerer den indre verden av dine nåværende handlinger.

- **Å HA** representerer din ytre virkelighet, det du har tiltrukket deg i henhold til hva du tenkte og gjorde i den forrige tidslinjen.

Hvis vi setter det i perspektiv: en person (deg) kjøper denne boken (tiltrekker den til livet ditt). Deretter begynner du å lese den (**GJØRE**). Og som et resultat får du noe (**HA**). Erstatt dette med et hvilket som helst eksempel du ønsker, og du vil se at det fungerer på samme måte. Alt vi har er et resultat av det vi har gjort, og alt vi har gjort kommer fra hvordan vi tror vi er.

Når ingen lærer oss denne formelen, ender vi opp med å tro det motsatte: vi tror at hvem vi er, avhenger av hva som skjer utenfor oss (om det er kaldt eller varmt, om det regner eller ikke), av hva vi gjør (om vi trener eller ikke, om vi spiser eller ikke) eller av hva vi har (om vi eier sannheten eller ikke). Denne holdningen – hvis du fulgte med – er holdningen til noen som spiller på den passive siden: betinget og drevet av det som skjer i livet. En person på den siden klager, rettferdiggjør seg og unnskylder seg hele tiden. Og selvfølgelig får vedkommende mer av det samme, siden energien er preget av klaging, lidelse og smerte.

Det vi egentlig søker, er å snu den retningen: å være de som påvirker livet, samtidig som livet påvirker oss, i den rekkefølgen. Det vil si å spille fra den aktive siden av uendeligheten.

Så hvis Å GJØRE og Å HA ender opp med å være en konsekvens av Å VÆRE, er det da ikke logisk å begynne å tilpasse handlingene våre til vårt Vesen for å oppnå et annet resultat?

Det vil si, hvis alt handler om å gjøre den «mørke» delen bevisst, så kan vi gjennom høye handlinger koble oss til vår høyeste versjon: det e Væren som tålmodig venter på at vi skal bruke det til å utvide oss i livet.

Uten å gå lenger, er dette ofte det som bremser mennesker: de tror at de ikke kan, at det ikke er noe for dem, at de kommer til å mislykkes. Og det er akkurat der djevelen sniker seg inn og bandasjen fester seg igjen.

For å unngå dette trenger vi et siste nøkkelbegrep før vi viser deg trinn for trinn hva du skal gjøre fra i dag av for å slutte å falle for Djevelens fristelser.

STOPP 4: MENNESKETS ENESTE FORMÅL

Tror du virkelig at en fokusert person kan gi etter for skyggene igjen? Svaret er ja, det kan han. Men det er mye mindre sannsynlig at det skjer hvis han holder oppmerksomheten rettet mot sitt livs formål, klart og tydelig, hvert sekund.

Et sinn som er fokusert på sitt formål, er en trussel for djevelen og systemets undersåtter.

Dette kan bekreftes på en veldig enkel og praktisk måte: gå nedover gaten på et sted fullt av mennesker. Mens du går, fester du blikket på et punkt i det fjerne, med fast oppmerksomhet, og går trygt. Det som vil skje er at folk vil begynne å gi deg plass. Det virker utrolig inntil du opplever det selv, og da forstår du at handling gir tro, og uten tro kan vi ikke oppnå noe (vi vil gå nærmere inn på dette senere).

Hvorfor skjer dette? Fordi sinnet ditt skaper din virkelighet. Hvis du er fokusert på én ting, er det det du vil oppnå. Forestill deg scenen: du går med et fast og fokusert blikk, uten avvik, og folk gir deg plass. Det som for et inaktivt sinn ville være et hinder, blir for den som spiller på den aktive siden av det uendelige, en del av strømmen. Ja, hindringene er der fortsatt, men du kommer deg lett forbi dem.

Dette er et av de kraftigste motgiftene mot djevelen: oppmerksomhet. Selv om den brukes feil, er det også det som raskest kan få deg til å falle i hans nett.

Husk alltid: når du velger, er du i Gud, fordi valg bare er mulig fra et sinn i visshet. Ikke å velge holder deg i tvil. Tvilen fører til usikkerhet, og usikkerheten lar deg drive med strømmen. Og det er i strømmen djevelen befinner seg.

Det er som når du er sulten og åpner kjøleskapet: hvis du velger å spise et eple, spiser du det og blir mett. Men hvis du tviler mellom eplet, kjeksen eller juice, står du og stirrer uten å bestemme deg, og til slutt... øker sulten din samtidig som sannsynligheten for at du velger det dårligste alternativet øker.

«Beslutningen gir næring. Tvilen lammer.»

Når en person går seg vill i jakten på sannheten, i stedet for å leve den hver dag, blir livet hans tregere, han faller i dvalemodus og venter bare på et mirakel til han dør, uten å forstå at mirakler er vårt daglige brød når vi lever av Sannheten og for Sannheten.

Derfor, etter hvert som vi går videre, vil du slutte å drive med strømmen. Du vil forstå at hvis du vil ha sannheten, må du leve den i hvert øyeblikk. Ja, å leve den medfører smerte, men ikke bekymre deg: for deg, sjel som bor i denne kroppen, vil det ikke gjøre vondt. Den som vil lide, er egoet ditt, som fortsatt har tilknytninger. Men din sannhet, det du virkelig er, kan ikke lide . Din sannhet venter på å bli levd nå. Og det er nettopp det vi skal gjøre.

Mange begynte å lese denne boken i håp om at den skulle avsløre hemmeligheten bak systemet. Og ja, det er det som skjer. Bare ikke det systemet du trodde.

Systemet skapt av eliten – med sine medier, regjeringer, banker, religioner og kontrollstrukturer – er designet for å holde 98 % av verden sovende, fanget i negative tanker, frykt og usikkerhet. Det er det synlige systemet, det ytre, det du kan undersøke, anmelde eller ønske å velte.

Men det er noe mer ubehagelig. Tenk noen sekunder på svaret på dette spørsmålet som vil komme opp i hodet ditt: **Hva ville skje hvis det virkelige systemet som opprettholder dette systemet, var installert av deg selv uten at du var klar over det?**

Jeg sier ikke at du er en av «dem». Det jeg sier er at da du sovnet, aksepterte du spillets betingelser uten å lese reglene. Hver gang du slo på TV-en, adlød uten å stille spørsmål, ønsket det du ble fortalt å ønske, gjentok det du ikke forsto... matet du det. Du skapte ikke det ytre Matrix, men du skapte din egen kompatibilitet med det. Du bygde deg en perfekt seng inne i det fengselet.

Og det er her det virkelig viktige begynner.

Jeg forstår nysgjerrigheten ved å ville oppdage de skjulte trådene i verden. Jeg ville også vite alt. Men jo mer jeg undersøkte, jo flere spørsmål dukket opp. Til jeg forsto at det virkelige systemet jeg måtte demontere var mitt eget: det indre, det som skaper min virkelighet.

Og på dette punktet må vi være brutalt ærlige: Vil du virkelig forstå hvordan det ytre systemet fungerer og «demontere» det? Eller ønsker du å være, gjøre og ha det du alltid har ønsket deg?

Egoet sniker seg lett inn. Vi har alle vært der, uansett vår status i denne verden. Vi har alle ego, ingen av oss har lært en smule av sannheten... men her er vi, sammen, og avslører dette for verden.

Fordi systemet som skaper alle systemer – filteret gjennom hvilket du tolker livet – er ditt eget.

Et storstilt eksperiment ble gjennomført i Washington D.C. mellom 7. juni og 30. juli 1993 ( ), da rundt 4000 meditasjonsutøvere samlet seg i byen for et prospektivt prosjekt utformet med hypoteser og forhåndsvitenskapelig gjennomgang.

Forfatterne rapporterte at under toppene i deltakelsen falt voldelige forbrytelser mot personer med opptil 23,3 % (og den totale volden viste en reduksjon på rundt 15–24 % ifølge analysene), med statistisk signifikante resultater rapportert av teamet.

Den offisielle tolkningen var klar: endringer i «kollektiv bevissthet» – det de kaller Maharishi-effekten – var forbundet med målbare reduksjoner i vold.

Og ja: disse resultatene har skapt akademisk debatt – det er forsvarere som gjentar analysene, og det er metodologiske kritikker og krav om uavhengige replikker – men det avgjørende for deg er den praktiske lærdommen: hvis den kollektive bevisstheten viste en statistisk effekt på volden i en hovedstad, så er det å avvæpne det indre systemet ikke bare filosofi: det er en løftestang med målbare konsekvenser.

Så nå skal vi bryte ned det indre systemet (det som projiserer det ytre systemet) for å forstå hvordan du selv skaper din virkelighet i ditt eget bilde.

Den mentale skapelsesprosessen:

- Dine tanker får deg til å føle deg på en bestemt måte.

- Dine følelser får deg til å bli opprørt på en bestemt måte.

- Dine følelser driver deg til å handle i tråd med det du føler.

- Dine handlinger skaper konkrete opplevelser i livet ditt.

- Dine opplevelser ender med å overbevise deg om at livet er på en bestemt måte, slik at du ender opp med å tro ting om deg selv og om verden.

- Hans overbevisninger, i denne siste og første fasen, får ham til å tenke på en bestemt måte om livet og, som en konsekvens, til å skape hvert detalj av det han ser, i henhold til sitt eget bilde.

Og vet du hva som er mest oppsiktsvekkende? At dette er syklisk! Det stopper ikke ... før du gjør noe annerledes i et ledd i kjeden. Det er nettopp det jeg foreslo i de foregående avsnittene.

Kan du forestille deg hvordan livet ditt kunne endres hvis du begynte å være oppmerksom på hva du tenker? Eller hvis du var bevisst på dine følelser, handlinger, opplevelser og overbevisninger?

Dette systemet som styrer livet ditt, projiseres på det du ser utenfor. Derfor ser ikke mennesker det som skjer utenfor: de ser det de projiserer fra innsiden, i henhold til hver del av den kjeden.

Jeg skal dele med deg det jeg har oppdaget om de ytre systemene og hvordan du kan observere dem fra et bredere og mer evolusjonært perspektiv for å forstå verden du befinner deg i. Men hvis du ikke omkonfigurerer ditt eget system, vil det ikke hjelpe å forstå de andre. Det eneste det vil hjelpe er djevelen, fordi det vil føre til at du ender opp med mer frykt, flere tvil og uten retning.

Dette er områdene jeg anbefaler at du begynner å jobbe med for å bringe ditt vesen i balanse og slutte å vandre målløst gjennom livet. Uansett hva du gjør, uansett hvem du er, er dette grunnlaget som støtter enhver form for suksess, på alle områder. Vi skal gå gjennom hvert punkt i detalj, slik at det blir enkelt og du kan begynne å lede din virkelighet mot en høyere tilstand allerede i dag.

<u>Grunnlaget for et samstemt og sammenhengende indre system:</u>

1. Bevisst ernæring
2. Fysisk trening

3. Tjeneste for andre

4. Høye vaner

1. Kostholdet til et hellig vesen:

Vi undervurderer hvor lett det er å bli distrahert av mat, og av ren uvitenhet undervurderer vi hva vi putter inn i vårt tempel: kroppen.

Den som overspiser, blander mat uten fornuft, spiser for mye eller ikke gir kroppen riktig næring, vil før eller senere ende opp med å drive på måfå. Kroppen – åndens tempel, kjøretøyet vi spiller dette doble spillet med – fortjener å bli behandlet med største respekt og med de høyeste standarder hvis vi ønsker å spille et godt spill.

De fleste har problemer med ernæring, og det er forståelig: ingen har lært oss hvordan vi skal spise. Det er årsaken til så mange sykdommer, smerter og distraksjoner. Vi undervurderer virkelig hvor viktig mat er og hvor lett det er å la oss lure bare for å tilfredsstille lysten til å spise.

Jeg husker at jeg en dag skulle spise lunsj med partneren min og fant en krukke med majones i kjøleskapet. Jeg tok den ut og tenkte: «Jeg skal ha litt på maten». Men så kommenterte jeg at jeg syntes det var rart at vi hadde majones. Vi husket at noen venner hadde vært hjemme hos oss noen dager tidligere, og antok at de hadde kjøpt den. Så, nesten ved en tilfeldighet, bestemte jeg meg for å lese ingredienslisten... og blant ingrediensene var det en som het «sekvestreringsmiddel». Bokstavelig talt. Umiddelbart kastet jeg glasset i søpla.

Kan du forestille deg å ha «sekvestreringsmiddel» i maten din? Kan du forestille deg å spise noe med det navnet?

Og dette er ikke et isolert tilfelle. Det handler ikke bare om en majones med «sekvestreringsmiddel». Det er en hel nærings industri som opererer på måter som virker som tatt ut av en konspirasjonsfilm. Selv emballasjen der det står med store bokstaver «vegansk», «glutenfri» og «sukkerfri», er det bare å snu den og se på de virkelige ingrediensene for å innse at det virker som en vits. Personlig følger jeg en ufeilbarlig regel for å vite hva jeg skal kjøpe hvis jeg velger noe som er pakket: hvis jeg ikke kjenner navnet på ingrediensen, så kjøper jeg det ikke. Enkelt. Hva er det for noe å putte ting i munnen som vi ikke vet hva er?

Hvis vi vil gå litt mer inn på den energiske og konspiratoriske siden av saken, er det bare å se på de mest solgte merkene i verden. **Monster Energy** har et logo med tre linjer som minner om den hebraiske bokstaven *Vav* (ו), hvis numeriske verdi er 6, og danner tallet 666. Deres slagord «Unleash the Beast» («Slipp løs udyret») forsterker denne tolkningen ytterligere.

Oreo har tempelridderkorset og symbolet med sirkelen med en prikk i midten, begge knyttet til esoteriske ordener.

Kellogg's, grunnlagt av John Harvey Kellogg – en eugeniker besatt av å undertrykke onani gjennom ernæring – hvilken strategi er vel bedre enn å oversvømme frokosten til millioner av mennesker med sukkerholdige frokostblandinger?

Og dette er bare toppen av isfjellet. Jeg skal ikke utdype dette videre, men jeg vil at du skal forstå at dette er virkelig. Jo lenger du beholder bindet for øynene, jo vanskeligere blir det å se sannheten, siden du spiser djevelens mat hver dag!

Næringsmiddelindustrien produserer mat til 98 % av verdens befolkning. Det er en milliardindustri hvis suksess ikke ligger i å gi næring, men i å holde befolkningen syk, avhengig og avhengig. Produktene deres er ikke laget for å gi oss næring, men for å tilfredsstille ønsker som de ofte selv skaper.

Hvis du fortsatt tror at alt dette er tilfeldigheter, kan du gjøre et enkelt eksperiment: Ta et hvilket som helst produkt fra supermarkedet og snu det. Les etiketten.

Jeg kan forsikre deg om at samvittigheten din vil begynne å veilede deg mer og mer til å unngå mat med lav vibrasjon. Sannheten har alltid vært foran deg, men du ignorerte den fordi du aldri ble lært å se den, eller fordi du trodde det ikke var viktig å ta ansvar for den. Se, du er ikke en kropp: du er et åndelig vesen som bor i en kropp. Du er energi, frekvens og vibrasjon. Derfor betyr absolutt alt noe. Ja, det kan høres ekstremt ut, men bevisst ernæring er grunnlaget for et vesen hvis energi ikke lenger er uklar og forvirret.

Nå vet du det. Spørsmålet er: hva skal du gjøre med denne informasjonen?

Det er ikke tilfeldig at vi i flere tiår har prioritert inntaket av visse matvarer. Det var ikke et fritt valg. Vi ble programmert som elefanten med tauet.

Matindustrien selger ikke bare produkter: den selger ideer, vaner og avhengighet. Og den gjør det gjennom et system som er designet for at vi aldri skal stille spørsmål ved det vi spiser.

La oss se på sukker. På 1960-tallet bestakk sukkerindustrien forskere ved Harvard til å publisere studier som minimerte sukkerets sammenheng med hjertesykdommer og la skylden på fett. Resultatet? Sukker ble introdusert i praktisk talt alle bearbeidede matvarer og ble et lovlig rusmiddel som ble akseptert i alle hjem.

Og det er ikke en overdrivelse å kalle det et rusmiddel. Sukker og kokain aktiverer de samme belønningskretsene i hjernen. Noen studier har til og med vist at sukker kan være mer vanedannende, fordi det gjentatte ganger stimulerer frigjøringen av dopamin, noe som skaper en syklus av tvang og abstinens. Forskjellen er at, i motsetning til kokain, finnes sukker i nesten alle produkter i supermarkedet: brød, sauser, juice og til og med babymat.

Dette var ikke en feil: det var en strategi. Sukkerindustrien skapte hele generasjoner av avhengige uten at noen la merke til det. Det handlet ikke om ernæring, men om forretninger.

Det samme skjedde med kjøtt. Det var ikke nok at folk spiste det sporadisk; industrien måtte gjøre det til et psykologisk behov.

De fikk oss til å tro at uten kjøtt er det ingen proteiner. At uten proteiner er det ingen styrke. Og at uten styrke er det ikke noe liv.

Men hva om jeg fortalte deg at alt dette er en av de største svindlene i matindustrien?

Ideen om at vi trenger tonnevis av proteiner ble strategisk innført av kjøtt- og meieriprodukt . På 1950-tallet brukte den amerikanske nasjonale kvegoppdretterforeningen millioner på reklamer med slagord som «Beef. It's what's for dinner» («Kjøtt. Det er det vi skal ha til middag»). I Europa finansierte EU kampanjer for å reversere nedgangen i kjøttforbruket og sikre etterspørselen.

Virkeligheten er en annen. Protein finnes overalt: i frukt, grønnsaker, nøtter og belgfrukter. Vi trenger ikke å konsumere det i overkant, og enda mindre å være avhengige av kun animalsk protein. Overskuddet blir ikke omdannet til muskler, men til glukose; det overbelaster nyrene og forsurer kroppen, noe som øker risikoen for metabolske sykdommer.

Så hvem tjener på at du tror du trenger så mye protein? Tenk over det. Ingenting av dette er tilfeldig.

Og la oss ikke glemme frokosten. Vi ble fortalt at det var «dagens viktigste måltid», men denne ideen kom ikke fra vitenskapen, men fra markedsføringen av frokostblandinger.

Det var John Harvey Kellogg, grunnleggeren av Kellogg's, som fremmet ideen, ikke av helsemessige årsaker, men som en strategi for å undertrykke seksuell lyst. Ifølge ham var frokostblandinger en «ideell diett for renhet» og en måte å «kontrollere begjæret» på. Siden den gang har frokosten blitt et obligatorisk ritual, forsterket av tiår med reklame for frokostblandinger, meieriprodukter og bearbeidede juice.

Men det de ikke forteller deg, er at å hoppe over frokosten kan være det beste du kan gjøre for helsen din.

Intermitterende faste – å la det gå flere timer mellom måltidene – har vist seg å være en av de mest effektive metodene for å redusere betennelse, forbedre insulinfølsomheten og øke levetiden. Når du faster, aktiverer kroppen din en prosess som kalles **autofagi**, hvor den fjerner skadede celler og regenererer vev.

Hvis frokost var så viktig som vi ble fortalt, hvorfor reagerer kroppen vår bedre når vi ikke spiser om morgenen?

Slik hacket markedsføringen vår biologi og kultur. De overbeviste oss om at visse matvarer var essensielle, når de i virkeligheten var verktøy for massemanipulering.

Hva ville du spist hvis ingen hadde programmert deg?

I store deler av livet mitt prioriterte jeg karbohydrater, raffinert sukker, mel, kjøtt og alle slags matvarer uten å vite hva de egentlig inneholdt eller hvordan de var laget. Det førte til konstante hormonelle ubalanse, at jeg ble distrahert av mat, spiste for mye eller ble rigid med spisetider til jeg ble avhengig av dem. Jeg ble irritert hvis jeg ikke spiste lunsj klokka 12 på slaget. Jeg satte maten på en pidestall, men uten å ha noen kunnskap om ingrediensene. Resultatet: en kropp jeg ikke var takknemlig for, et liv som ikke hedret meg og en inkonsekvent rutine.

Etter å ha prøvd forskjellige dietter i mange år, forsto jeg noe viktig: det finnes ingen diett som kan opprettholdes over tid. Hvorfor? Fordi tiden i seg selv ikke er bærekraftig; den er en konstruksjon av egoet vårt. Alt du plasserer i tiden, plasserer du i et rom som er bestemt for lidelse, fordi det eneste som er permanent i tiden, er forandring.

Så hva gjør vi? Som Nikola Tesla sa: «Hvis du vil forstå universets hemmeligheter, tenk i termer av energi, frekvens og vibrasjon». Og det var det jeg begynte å bruke på mat.

Jeg begynte å prioritere mat med høy energikalibrering, samtidig som jeg lyttet til kroppen min hver dag. Litt etter litt begynte jeg å belyse fryktene og usikkerhetene mine for å forstå hva jeg egentlig trengte. Jeg sluttet å dømme måltidene mine, jeg sluttet å irritere meg, jeg sluttet å sette maten på en pidestall. Livet mitt ble enklere, rikere, og jeg begynte å bruke maten bare når den tjente et større formål. Kort sagt: jeg sluttet å prioritere egoet og tilknytningene mine.

Senere i denne boken vil jeg fortelle deg hvordan du kan helbrede enhver sykdom fra et psykologisk og spirituelt perspektiv. Men hvis du i dag begynner å prioritere en bevisst, alkalisk og høyfrekvent diett, og lytter til stemmen til samvittigheten din i hvert øyeblikk, vil resultatene i form av mental klarhet, spirituell forbindelse og helbredelse være noe du aldri har opplevd før.

En kropp som ikke blir behandlet med respekt, nærer et sinn som er ute av stand til å behandle seg selv og andre med respekt. En kropp som er frakoblet, er en kropp som er atskilt fra den uendelige kilden, dømt til å akseptere det den «får», i stedet for å kreve det den virkelig ønsker seg av livet.

Nå kan vi ikke være i fysisk, mental og åndelig balanse hvis vi ikke rydder opp. Kaos følger alltid uorden. Så her er en enkel guide til å håndtere hva du spiser og bli bevisst på hva kroppen din trenger for å fungere hver dag med energi.

Veiledning for å mestre ernæring og holde det fysiske tempelet i orden:

1. Beregn hvor mange makronæringsstoffer du trenger per dag (du kan søke på Google etter *«makro kalkulator»*). Da vet du hvor mye du skal spise i henhold til målet ditt: å opprettholde vekten, gå ned i vekt eller gå opp i vekt.

2. Bruk en app som *MyFitnessPal* til å registrere makronæringsstoffene (fett, proteiner, karbohydrater) og måltidene dine. En kjøkkenvekt vil være din allierte: vei maten, legg den inn i appen, og ferdig. Hvis du foretrekker en annen app, spiller det ingen rolle: det viktigste er å registrere. Dette virker ekstremt, men det er det ikke. Realiteten er at du ikke vet hvordan du skal spise, og du må begynne å få orden på livet ditt. Ikke lenger drive med strømmen.

3. Unngå matvarer med lav vibrasjon som bringer kroppen din ut av balanse: rødt kjøtt, fjærfe, fisk, bearbeidede

produkter, animalske derivater, pølser, sukker, hvetemel eller maismel, raffinerte oljer osv.

4. Sjekk alltid hva du kjøper i supermarkedet. Det er en felle for de uoppmerksomme. Ikke overlat noe til tilfeldighetene.

5. Prioriter vegetabilske matvarer som frukt, grønnsaker, nøtter og spirer. Og hvis du ønsker å ta det til et høyere nivå, kan du utforske råvegansk mat.

6. Reduser antall måltider per dag. Prøv å holde deg til maksimalt tre.

7. Faste sporadisk med vann eller te, eller praktiser periodisk faste i 14 til 16 timer flere ganger i uken for å rense kroppen.

8. Våg deg på lengre fasteperioder: en dag, to, tre eller flere. Lytt til kroppen din og frykten din, og gjør det alltid med en klar intensjon om å heve formålet.

9. Ikke bland matvarer i overkant. Ikke kombiner frukt med mel, eller proteiner med stivelse. Ikke overfyll tallerkenen din med for mange forskjellige matvaregrupper. Spis enkelt: én matvaregruppe om gangen.

10. Reduser antall ingredienser per måltid. Se hvor mange du har på tallerkenen din, og reduser antallet til 5 eller 7, ideelt sett 3. Ofte er disse «super sunne salatene» i virkeligheten fordøyelsesbomber.

Husk: det handler ikke om å bli perfekt fra den ene dagen til den andre, men om å øke frekvensen din en dag om gangen. Du trenger ikke å gjøre alt med en gang; du er bare i ferd med å lære om dette. Vær tålmodig. Sannheten har en ubarmhjertig kraft: når den først er kjent, kan den ikke lenger skjules. Det er som å si at når du først har tatt av deg bindet for øynene og sett virkeligheten, kan du ikke slette det du har sett, selv om du bestemmer deg for å ta det på igjen.

La oss nå gå videre til det andre punktet for å oppnå en fullstendig harmonisering av ditt Vesen.

2. Det høyeste energivekselet som finnes:

Kroppen din er ikke bare et fysisk kjøretøy, den er en antenne som mottar, kanaliserer og sender ut energi. Fra det øyeblikket du våkner til du sovner, absorberer og projiserer du frekvenser.

Og det er noe få forstår: når du beveger kroppen din, omkonfigurerer du energifeltet ditt.

Tenk på naturen: ingenting i universet står stille. Galaksene roterer, elvene flyter, vinden beveger seg uavbrutt. Livet er energi i bevegelse. Og det er kroppen din også.

Her er poenget: Bevisst bevegelse styrker ikke bare kroppen din, men synkroniserer også energien din med høyere vibrasjoner.

Derfor skal du fra nå av trene for å transcendere.

Du gjør det ikke for å se bedre ut.

Du gjør det ikke for å øke ytelsen din.

Du gjør det for å huske hvem du er.

Det spiller ingen rolle hvilken sport du velger; fra nå av vil alt du gjør ta utgangspunkt i dette: ånden over materien.

Hver gang han trener, vil hans intensjon være å frigjøre blokkeringer, gi slipp på det som ikke tilhører ham og gjenopprette kontakten med sin essens. Og for å oppnå dette, må treningen hans gjøres med **fullstendig tilstedeværelse**.

Når du trener, gi alt du har.

Å trene med kroppen i dvale er det samme som å be uten tro. Hvis du skal bevege deg, beveg deg med intensjon.

Hvordan vil treningen din være?

Du skal trene to ganger om dagen.

- **Første økt:** vil være din forankring i nåtiden. Den fysiske strukturen som vil minne sinnet ditt om at det er i kontroll. Gjør det så tidlig som mulig: det vil være din første gevinst for dagen, din første investering i den ballen av positive tanker som vil vokse seg stadig større.

- **Andre økt:** vil være din energiportal. Den er ikke for å forbedre din fysikk, men for å heve din vibrasjonsfrekvens. Du gjør den når du føler deg frakoblet, sliten eller fanget i lave vibrasjoner. Det spiller ingen rolle om den varer i fem minutter eller en time: det som betyr noe er at den er en handling for å omstille energien.

Hver bevegelse vil være en bekreftelse.

Hvert åndedrag vil være en omstart.

Hver dråpe svette vil være en blokkering som løsner.

Frekvensen er alt.

For bare noen uker siden slo jeg en personlig rekord som utvidet grensene mine. Jeg begynte, med det enkle formålet å «heve vibrasjonen min», å låse opp evner jeg ikke visste at jeg hadde. Jeg bestemte meg for å gjøre armhevinger til sangen *Bring*

Sally Up, en kjent utfordring der man går opp, ned, holder seg oppe og går opp igjen i takt med rytmen.

I begynnelsen klarte jeg ikke å holde ut de tre og en halv minuttene sangen varer, så jeg bestemte meg for å gjøre det hver dag. To uker senere klarte jeg å fullføre to sanger på rad. Ja, det betyr at jeg gikk fra å ikke klare tre minutter til å klare mer enn seks på et par uker.

Det kan virke som om jeg ble sterkere fysisk av den daglige treningen, men sannheten er at ingen dag var lettere eller gjorde mindre vondt. Hver gang jeg kastet meg ned på gulvet for å gjøre armhevinger, måtte jeg overvinne lysten til å gi opp. Og når jeg nådde min tidligere grense, presset jeg meg litt lenger.

Det øyeblikket du tror du ikke orker mer, når alt inni deg roper at du skal stoppe... det er da utvidelsen skjer.

Mange sier at mirakler ikke finnes. Jeg tenker for meg selv:

> «Mirakler kan ikke forventes. De skapes når du endrer måten du ser virkeligheten på.»

Når du slutter å observere livet passivt og inntar en aktiv holdning til forandring, responderer universet.

Handling gir tro. For tro uten handling er død tro.

3. Hva en Guds sønn gjør

Nå har vi endelig grunnlaget for å være Guds barn og forstå vårt formål som mennesker. De foregående punktene var avgjørende for at jeg nådde dette bevissthetsnivået, og det er nettopp anvendelsen av disse punktene som gjør at mange opplever rikdom og overflod i alle områder av livet sitt. De som ignorerer dem, fortsetter ganske enkelt å prestere under sitt potensial.

> *«Og ikke glem dette hellige prinsippet: å gi og å motta er to poler av samme frekvens.*
>
> *Når du gir fra sannheten, vil du uunngåelig motta fra overflod. Ikke fordi du forventer det, men fordi du kalibrerer energien din med den universelle loven om sirkulasjon.*
>
> *Åpne ditt hjerte for å motta kjærlighet, anerkjennelse, penger, takknemlighet og alt det universet ønsker å gi deg tilbake for din tjeneste.»*

Den som ikke lever for å tjene, er ikke verdig å leve.

Menneskets dypeste formål er å gi. Å tjene er å la livets energi strømme gjennom deg uten motstand. Det spiller ingen rolle hvordan du gjør det, for den eneste energien som aldri tar slutt, er den som gis med ren intensjon.

I boken *La Ley del Uno* (Loven om Enheten) avslørte Ra (det energiske vesenet som ble kanalisert av forskerne) at sjelenes evolusjon er delt inn i to veier: tjeneste for andre og tjeneste for seg selv. Den første fører til utvidelse og enhet med skapelsen. Den andre fører til stagnasjon og frakobling. Jo mer du tjener, jo mer øker du frekvensen din, jo mer i tråd med sannheten blir du, og jo lettere blir veien din.

David Hawkins, lege og vitenskapsmann som skapte **Bevissthetskartet**, viste at følelser og indre tilstander har en målbar vibrasjon. Mens frykt og apati resonerer lavt, vibrerer kjærlighet og fred høyt. Ubetinget tjeneste er nøkkelen som låser opp disse frekvensene. For å gi er ikke bare en handling: det er en energisk kalibrering. Når du gir uten å forvente noe tilbake, stiger du automatisk til et høyere nivå.

Tenk på det et øyeblikk: når har du følt deg mest tilfreds, forbundet med livet, i kjærlighet og hengivenhet? Når du gir eller når du mottar?

Vi har alle opplevd begge deler, men vi forveksler ofte dette med å tro at vår oppgave er å motta, når det i virkeligheten er den naturlige effekten av å gi!

Vi lever i virkelig strålende tider. Mange kritiserer sosiale medier for mengden av desinformasjon og tomt innhold som sirkulerer. Men få har forstått at de kan bli drivkrefter for endring ved å fylle algoritmene med sannhet.

Hvis en melding kan forandre et liv, tenk deg hva den kan gjøre hvis den når ut til tusenvis. Tenk på dette: Hvis jeg ikke hadde gått gjennom den ubehagelige prosessen med å skrive disse linjene, publisere dem og få dem ut til deg gjennom spredningsstrategier, ville du aldri ha lest denne informasjonen. Alt skjedde fordi jeg brukte sosiale medier til et formål som var mye større enn underholdning eller distraksjon. Og det er akkurat det du bør gjøre nå.

Jeg vet at du kanskje ikke forstår det ennå, fordi vi ofte trenger tidens perspektiv for å se tilbake og bekrefte fremskritt. Men jeg er så sikker på at når du er ferdig med å lese og anvende denne sannheten, vil livet ditt endre seg radikalt, at jeg vil gi deg et forslag som er i tråd med utvidelsen av sjelen din: **dokumenter transformasjonen din.**

Ikke fra egoet, men fra intensjonen om å inspirere andre til å leve uten frykt, til å heve stemmen og utfordre den programmeringen. Hver gang du deler din sannhet, inviterer du andre til å huske sin egen.

«På fruktene skal dere kjenne dem. Plukker man druer av tornekratt eller fiken av tornekratt?»

(Matteus 7:16, Reina-Valera 1960)

Det du har i livet ditt i dag, er en konsekvens av gårsdagen din. Og morgendagen din vil være en konsekvens av i dag, som – takket være denne konteksten av Sannhet – vil være mye høyere enn du nå kan forestille deg.

Det ubevisste arbeidet denne boken gjør i deg, kan ikke måles med noen av de fem sansene, bortsett fra den sjette: den som er direkte knyttet til Gud. For å aktivere den må du stole på det du ennå ikke ser. Stol på disse ordene, på at det du lærer, føler og opplever, har en høyere mening. For det er ikke tilfeldig at du leser dette. Overhodet ikke.

> *«For at du skal være i live i dag, måtte en rekke så usannsynlige hendelser falle på plass at det virker absurd at det har skjedd.*
>
> *Bare i løpet av de siste 12 generasjonene måtte mer enn 4094 direkte forfedre møtes, forene seg og reprodusere seg på akkurat det rette tidspunktet.*

Hvis vi går bare 1000 år tilbake, snakker vi om mer enn en million mennesker som var involvert i din direkte slektslinje.

Legg nå til dette: Sannsynligheten for at en bestemt sædcelle befrukter et egg er 1 til 400 millioner. Dette, multiplisert med hver vellykket unnfangelse i slekten din, gir en sannsynlighet på mindre enn 1 til 10^{100000} (ja, en 1 etterfulgt av hundre tusen nuller). Og det er uten å ta hensyn til kriger, pest, spontanaborter, ulykker, små beslutninger som kunne ha forandret alt.

Du er her, og det gjør deg til et statistisk mirakel. Ikke ved en tilfeldighet, men fordi din eksistens måtte skje.

At du leser dette betyr bare én ting: du trosset all sannsynlighetslogikk.

La oss hedre det. La oss hedre enheten og utvidelsen av sjelen din. I tillegg til å dokumentere fortiden din (på et fysisk, mentalt og åndelig nivå), hvis noe i denne boken har gjort inntrykk på deg, del det. Ikke hold tilbake det som kan vekke noen andre. En historie, et innlegg, en melding til rett person i rett øyeblikk, eller til og med gi denne boken til noen som du føler trenger den. Informasjonen som deles, sprer seg, og dermed også den som overfører den.

«Hver gang du gir, kan du begynne på nytt. Hver gang du tjener en annen, blir livet ditt helbredet og du blir ett med Gud.»

4. Kraften i å holde fast ved sannheten

Hvor mange ganger har du følt sannheten... og så mistet den?

Mange er velsignet med åpenbaringer, øyeblikk av klarhet eller åndelig oppvåkning. Men svært få klarer å opprettholde denne guddommelige forbindelsen. Og det er akkurat det du vil lære her: å opprettholde den og utvide den langt utover det du trodde var mulig.

Sannheten er ikke bare et øyeblikk av forståelse; den er en livsstil. Den føles ikke bare: den oppleves i hvert øyeblikk. Og for å oppnå det, må vi ta oss av å være i det rette energifeltet. Dette er ikke komplisert, men det krever at vi utvikler noe som kanskje har vært i skyggen: **konsistens**.

Vaner er ikke bare fysiske. Det finnes også indre vaner: **tankemønstre**.

Å utvide livet ditt, forbedre hvert område og leve i harmoni med Gud krever at du holder deg på en høy frekvens. Vi er alle utstyrt med tankens kraft. Og jeg sier kraft fordi den fungerer både negativt og positivt. Men som du vil oppdage, vil en positiv tanke alltid være mye kraftigere enn en negativ.

Rutinen jeg skal dele med deg er enkel, men dyptgripende. Og viktigst av alt: den fungerer. Du trenger ikke å finne opp hjulet på nytt, bare bruke det og prøve det ut i din egen erfaring. Informasjonen slutter å være teori når den blir en del av livet ditt.

> «Lev sannheten, og sannheten vil bli din guide.»

Det du gjør i dag, bygger morgendagen din, på samme måte som din nåtid ble formet av det du gjorde i går. Et ordnet liv vil ikke redde deg fra kaos, men det vil gjøre deg immun mot det.

De fleste mennesker føler seg fortapt fordi de ikke har struktur. De står opp når som helst, gjør hva som helst og tenker følgelig hva som helst... noe som fører til at de oppnår hva som helst, bortsett fra det de virkelig ønsker.

Derfor, hvis du vil spille på den aktive siden av uendeligheten, trenger du absolutt engasjement. Nedenfor finner du en trinnvis rutine for å få orden på livet ditt i dag.

Men hvis du aldri har hatt struktur før, må du begynne rolig. Det handler ikke om å pålegge deg selv strenge tidsplaner, men om å skape en energisk **ryggrad** i dagen din. Hvis det er overveldende å begynne med en gang, kan du starte med én ting: for eksempel å stå opp tidlig og trene. Deretter kan du legge til lesing. Og så videre, steg for steg.

Eksempel på en energisk rutine i tråd med Sannheten:

Tilpass den til din fase. Sannheten er ikke en struktur: den er en frekvens du legemliggjør.

Å leve i tråd med Sannheten betyr ikke å ha en streng timeplan, men en vedvarende tilstedeværelse gjennom dagen. Det finnes ikke én riktig rutine, men det finnes handlinger som løfter, renser og forbinder. Nedenfor finner du et forslag til hvordan du kan organisere dagen din fra den **aktive siden av uendeligheten**, ikke fra krav, men fra forpliktelse til energien din.

Hvis det hjelper deg, bruk det som en veiledning. Hvis du er i en annen fase, ta bare det som resonerer med deg. Det viktige er å være i samklang med kilden hver dag, både kroppslig, mentalt og åndelig.

MORGEN: Aktivering av Væren

- **4:30 – 5:00** → Våkn opp bevisst. Start dagen uten distraksjoner. Hvis dette tidspunktet virker uoppnåelig for deg i dag, kan du justere det gradvis. Det viktigste er ikke tidspunktet, men handlingen: å stå opp med en intensjon.

- **5:00** → Fysisk aktivitet. Tren. Metoden spiller ingen rolle: gåtur, vekter, yoga, calisthenics. Sett energien i bevegelse. Her har du to alternativer: enten går du rett på dagens tunge treningsøkt, eller så begynner du med bevegelighet og tar den første tunge treningsøkten senere på morgenen.

- **6:30** → Skriving + takknemlighet. Skriv ned målene dine, erklær formålet ditt, vær takknemlig for minst tre ting. Husk hvem du er. Prøv å gjøre dette med penn og papir. Dette skaper mange flere nevrale forbindelser enn å gjøre det digitalt.

- **7:00** → Bevisst lesing. Les en bok som løfter perspektivet ditt. Nær ditt mentale felt før du utsetter deg for den ytre verden. Bruk minst 30 minutter på inspirerende og bevisst lesing.

ETTERMIDDAG: Forankring og tjeneste

- **12:00 - 14:00** → Bevisst ernæring. Spis med nærvær. Velg mat med høy vibrasjon. Tygg sakte. Lytt til kroppen din.

- **15:00 - 17:00** → Tjeneste / Prosjekt. Del, skap, tjen. Dette tidsrommet er ideelt for å bringe din sannhet ut i verden.

- **16:00 - 18:00** → Andre bevegelse. Det kan være kondisjonstrening, strekking, å gå barbeint eller bare å danse. Slipp spenningene.

KVELD: Integrasjon og kontemplasjon

- **19:00** → Lett og tidlig middag. Prioriter god fordøyelse for å sove godt. Ikke sov med magen full.

- **20:30** → Avslutningsritual. Slå av wifi. Sett mobilen i flymodus. Les, skriv, kontempler, mediter eller bare pust.

- **21:00** → Hvile. Kvaliteten på søvnen din definerer kvaliteten på oppfatningen din. Overgi deg til hvilen som om du overgir sjelen din til Gud.

Dette er hva jeg anbefaler:

Begynn med ett skritt. Kanskje er det bare å stå opp tidligere. Eller skrive ned en tanke. Eller slå av wifi før du legger deg. En vedvarende handling er mer verdt enn en perfekt rutine som blir forlatt.

Det handler ikke om kontroll. Det handler om å være i harmoni med Kilden og huske hvem du er, hver dag.

«Hvis denne rutinen er så god, så kraftfull, hvorfor anbefaler ikke systemet den? Hvorfor lærer de oss ikke disse høye vanene fra vi er små?»

Svaret ligger i spørsmålet. Men la oss bryte det ned:

1. Fordi denne rutinen gjør deg suveren.

Et menneske som står opp tidlig av egen vilje, som trener kroppen sin, som ordner energien sin, som tenker selv, som er takknemlig, som leser, som mediterer, som kontemplerer, som deler sin sannhet... er et menneske som ikke trenger å bli styrt fra utsiden. Hvilke grenser kan det ha? Hvilke ting ville være umulige for det?

2. Fordi denne rutinen deaktiverer frykten.

En person som starter dagen rolig, med et formål og en indre retning, trenger ikke ytre stimuli for å føle seg levende. Hvis det ikke er frykt, er det ikke kontroll. Hvis det ikke er angst, er det ikke forbruk. Hvis det ikke er indre kaos, er det ikke avhengighet av systemet.

3. Fordi denne rutinen styrker den åndelige disiplinen.

Og det gjør den farlig for systemet. For en person som er disiplinert på det åndelige plan, oppdager feller, forutser bedrag og forhandler ikke bort sine verdier for bekvemmelighets skyld.

4. Fordi denne rutinen avslører spillet.

Når du begynner å leve slik, begynner alt som før virket «normalt» å virke absurd. Å sove sent, se på søppel, fylle seg med sukker, kaste bort tid på sosiale medier, løpe uten mål, kjøpe meningsløse ting... alt begynner å falle bort. Og når karakteren faller bort, kommer sjelen frem.

5. Fordi systemet trenger funksjonelle mennesker, ikke våkne mennesker.

De trener oss til å prestere, ikke til å huske hvem vi er. De utdanner oss til å jobbe bedre, ikke til å leve bedre . De applauderer oss når vi produserer, men de får oss til å tie når vi stiller spørsmål. Denne rutinen er det motsatte: den skaper bevissthet, ikke produktivitet. Derfor blir den ikke undervist.

> «Fordi denne rutinen ikke tjener systemet... den demonterer det. Den trener deg ikke til å yte for verden. Den trener deg til å overgi deg til Gud.»

Det er viktig å understreke at rutinen ikke er en straff. Den er strukturen som støtter din forvandling. Når du prioriterer å være i samsvar med den, blir vekst uunngåelig. Og gjennom disse små handlingene starter en «snøballeffekt» som fører deg til å oppnå store ting når du minst venter det... eller i det minste til å lytte mer til Gud, som vil lede deg mot dem.

Nøkkelpunkter i denne rutinen:

- Tren to ganger om dagen: en gang om morgenen og en gang om ettermiddagen, for å kalibrere energien din på nytt.

- Vær bevisst på hva du spiser. Forenkle måltidene dine, slik at det å spise blir en gave, ikke en distraksjon.

- Del prosessen din på sosiale medier. Ikke av ego, men for å påvirke. Din forvandling inspirerer andre til å bryte med sine mønstre. Din personlige merkevare er den mest verdifulle ressursen du har: bruk den.

- Lytt til deg selv. Bevissthet er filteret som forvandler det hverdagslige til noe hellig.

- Ikke spis frokost med en gang. Du trenger ikke å spise så snart du våkner. Vent til kl. 10.00 hvis du foretrekker det, og prioriter sunne fettstoffer og proteiner eller rensende matvarer som første måltid.

- Slå av enhetene dine når du skal sove, eller sett dem i flymodus.

- Koble fra wifi når du ikke bruker det.

- Deaktiver Bluetooth på telefonen din hvis du ikke trenger det.

- Hvis du bruker trådløse hodetelefoner, ta pauser og gi dem hvile.

- Tilbring så mye tid som mulig i kontakt med naturen.

- Gå mellom 5000 og 10 000 skritt hver dag. Det styrker ikke bare kroppen din, men rydder også opp i tankene dine og gir deg perspektiv.

Det er mulig at denne rutinen føles ubehagelig. Kanskje har du aldri i livet hatt en slik struktur. Men la meg si deg noe: det gir ingen mening å snakke om sannheter hvis livet ditt er nøyaktig det samme når du lukker denne boken.

Ingen lærer oss mennesker å leve. Vi kommer ikke med en bruksanvisning for dette spillet. Derfor er vaner som er i tråd med storhet det eneste som virkelig endrer spillet, både åndelig og praktisk.

Det du har fått i denne første delen, er bokstavelig talt triksene som vil gjøre det mulig for deg å spille i de store ligaene. Og jeg snakker ikke om de fysiske, men om de som virkelig betyr noe: de åndelige.

Du vet allerede at det er i avkoblingen du finner djevelen. Så hvorfor fortsette å gi ham hyllest med uorden?

Den eneste sannheten ligger ikke i denne rutinen, men i den perfekte synkroniseringen mellom ditt **Være, Gjøre og Ha**. Og denne rutinen trener deg til å oppnå det.

Hvis du fortsatt føler motstand, still deg selv dette siste spørsmålet:

Hvis jeg aldri har vært disiplinert og har levd tilfeldig, hva har jeg å tape på å prøve en livsstil jeg aldri har prøvd før?

Vanligvis ønsker vi å forandre oss, men vi fortsetter å gjenta det samme. Og det spiller ingen rolle om du allerede har økonomisk suksess, men dine relasjoner er en fiasko: du trenger rutinen. Det spiller heller ingen rolle om du har kontroll over kroppen din, men lever uten Gud: du trenger rutinen. Hvis du tror du er åndelig fordi du «forstår», men bankkontoen din er tom, er det du som har mest behov for rutinen med tilpasning.

Disse handlingene vil gjøre deg utmerket på alle områder, for når du gjør én ting, gjør du absolutt alt.

Nå har du de høye vanene for å tilpasse ditt Vesen og stemme deg inn på Gud. Men jeg nevnte at det viktige var **tankemønstrene**. Så hva er disse vanene?

Det er to tankemønstre for å leve våken og leve Sannheten hver dag: **konsistens og klarhet.**

Konsistens oppnår du ved å opprettholde denne rutinen hver dag, uten unnskyldninger. Det er en forpliktelse overfor deg selv, en tillit som ingenting på jorden kan gi deg, fordi det bare er opp til deg å gjennomføre den.

Klarhet oppstår når du gjør det som er ubehagelig. Når du går ut av komfortsonen din, utvider du mulighetsfeltet ditt, og fra dette utvidede rommet begynner du å se muligheter, motta åpenbaringer og lytte nærmere til Gud, til stemmen til samvittigheten din og til Den Hellige Ånd.

Men... hvis du er veldig sliten og kroppen din ber om hvile, bør du da opprettholde den samme rutinen?

Det er et veldig fint spørsmål, fordi det avslører to av de største begrensende troene som styrer det menneskelige sinnet:

1. Å tro at vi er begrensede vesener med begrenset energi som blir slitne og trenger hvile som en forpliktelse.

2. Å tro at kroppen bestemmer, når den i virkeligheten bare følger sinnets ordre.

Hver gang du føler deg sliten, trøtt eller motløs, er det ikke tilfeldig eller et isolert tilfelle. Det er ikke bare fordi du trente hardt i går eller løp flere kilometer. I bunn og grunn er det alltid knyttet til energitilstanden din, som bestemmes av tankene dine.

Å bli sliten, utmattet, syk eller skadet er en konsekvens av akkumulerte negative tanker. Og å ønske å «hvile» ved å hoppe over akkurat den rutinen som løfter vibrasjonen din mest, er i virkeligheten å fortsette å investere i den negative tankekretsen.

Derfor er det få som klarer å opprettholde en rutine. De fleste kan stå opp klokka 5 om morgenen, ja. Men så snart det oppstår en ubehagelig situasjon, en uventet endring eller en ytre hendelse, tenker de straks at de må gi opp akkurat det som plaget dem mest. Og sannheten er at denne ubehagelige situasjonen var den perfekte muligheten til å bekrefte den nye identiteten de var i ferd med å bygge opp. Det var en prøve, ikke et tegn på oppgivelse.

Hvorfor skjer dette med oss?

Fordi vi fra barnsben av ble lært å assosiere disiplin med plikt, ikke med utvikling. lærte oss å stå opp tidlig for ikke å skulke skolen eller jobben, ikke av respekt for kroppen eller hengivenhet til sjelen, men for å unngå straff. Den straffen, forkledd som «fravær», «advarsel» eller «utvisning», innprentet troen på at disiplin betyr tap av frihet.

Og det er en av de mest ødeleggende programmeringene i systemet.

For hvis du tror at disiplin fengsler deg, vil du aldri kunne holde deg på en høyere vei. Du vil alltid vende tilbake til komforten. Du vil alltid velge den enkle løsningen. Du vil være en slave som tror seg fri bare fordi du kan bestemme hvilken serie du skal se eller hva du skal bestille på matappen.

Og slik fortsetter vi: søte og lubne, som pingvinene i *Madagaskar*. Sympatiske, tilpassede... men uten ekte suverenitet. Temte på innsiden, men opprørske på utsiden.

Mange som kaller seg «åndelige» er i virkeligheten falske åndelige: de samler kunnskap, men bruker svært lite av den. De lever fulle av unnskyldninger for å rettferdiggjøre hvorfor livet ikke gir dem det de sier de vil ha, eller de gleder seg over å «ikke trenge noe», og selvfølgelig... gir universet dem ikke noe nytt.

Rutinen jeg foreslår er en standard, ikke en forpliktelse. Jeg foreslår at du holder den i minst 30 dager. Selv om du allerede har en høy rutine eller har prøvd det før, er det aldri det samme. Først når du er i stand til å opprettholde en daglig rutine – og opprettholde betyr å være over den, ikke under – er det du kan forme den.

En vanlig feil er å stille spørsmål før man handler. Det fratøver deg bare opplevelsen. Mange tviler på om det vil fungere og prøver ikke engang. Andre stiller spørsmål på tredje dagen og begynner å endre den. Det er djevelen som banker på døren og venter på at du skal åpne.

Hold fast, ikke så mye i rutinen i seg selv, men i forpliktelsen. Hold fast i sannheten, og du vil se hvordan ditt mentale system fungerer og hvordan du kan bruke det til å skape et liv med dine høyeste standarder.

> *«Hvis du aldri presser deg selv til dine egne grenser, vil du aldri kunne utvide deg utover dine nåværende grunnlag.»*

Det vil være ubehagelig, ja. Men du vil bli kjent med deler av deg selv som var i dvale. Du vil se skyggen din dukke opp, og du vil ha styrken til å tenne lyset.

> *«Pass på tankene dine, for de vil bli til ord.*
>
> *Pass på ordene dine, for de vil bli til handlinger.*
>
> *Pass på handlingene dine, for de vil bli til vaner.*
>
> *Pass på vanene dine, for de vil bli til karakter.*
>
> *Og pass på karakteren din, for den vil bli din skjebne.»*

STOPP 5: HANDLING INNGIR TRO

Alt du leser vil bli lagret i underbevisstheten din på måter du ikke engang vil merke. Men det er noe som kan fremskynde denne prosessen: handling.

Livet ditt kan forandre seg, men det vil fortsatt være ordinært hvis du ikke gir det lille ekstra. Det ekstraordinære oppnås ved å gi mer av deg selv. Og selv om det høres motiverende ut, er det ikke bare en fin frase: i ordet *attraksjon* danner seks av bokstavene ordet *handling*. Kroppen din er vibrasjon, og denne vibrasjonen varierer avhengig av om du bruker den eller ikke. Vi er energikanaler!

Så hvis du vil koble deg til det ubegrensede og opprettholde troen i hverdagen, må du bevege deg. Rutinen jeg foreslo er designet for at hele dagen din skal være i bevegelse og i tjeneste. Jo mer du bruker kroppen din, jo mer tilgjengelig er den. Jo mer handling du legger inn, jo mer handling kan du legge inn.

Systemet har derimot skapt sauer som foretrekker å følge det etablerte fremfor å tenke og skape sin egen vei. Siden alt allerede er «satt opp», er det lettere å akseptere det, selv om det ikke nytter noe. Det er denne måten å leve på som holder 98 % av menneskeheten på drift, mens de resterende 2 % nyter stor rikdom, inkludert sjelefred.

Når du ikke beveger deg, produserer du ikke noe annet. Tidligere delte jeg systemet vi alle har med deg; det jeg ikke hadde fortalt deg, er hvordan du kan bryte de begrensende mønstrene.

Jeg ville vente til dette punktet.

Disruptiv handling er nøkkelen til å bryte en atferd eller tankegang som saboterer systemet ditt og gjør det destruktivt. Hvis handlingen løfter oss til tro, må den være intens og i tråd med prinsipper med høy vibrasjon. Derfor er disse verktøyene så kraftige i spillet:

1. **Intensiv trening.** Å presse sinnet og kroppen til det ytterste med krevende øvelser vekker takknemlighet, tro og forbindelse med den uendelige kilden.

2. **Takknemlighetssessioner.** Jo mer takknemlig du er, jo mer plass har du til å være takknemlig. Når du gjør det i gruppe, kan vibrasjonen nå nivåer av ubetinget kjærlighet, en av de høyeste frekvensene av bevissthet.

3. **Meditasjoner med et formål.** Bevisst visualisering med lukkede øyne fører deg til dype tilstander av forbindelse med Gud.

4. **Dype og bevisste åndedrag.** Å puste bevisst når som helst og hvor som helst bringer deg inn i nået, og nærvær er den største gaven vi har.

5. **Forbindelse med naturen.** Å gå barbeint, se soloppgangen eller solnedgangen, besøke en elv eller havet... alt som forbinder deg med jorden minner deg om omfanget av din eksistens.

6. **Forpliktelse til ordet.** Høye ord genererer en høy frekvens. Det du sier, får du tilbake.

7. **Høyfrekvent musikk.** Vi er lyd, og det vi hører påvirker hver eneste celle i kroppen vår direkte.

Disse elementene er direkte drivkrefter for en ubestridelig forbindelse med Gud, for en naturlig oppdagelse av sannheten som allerede bor i ditt Vesen, og for høyere og mer permanente bevissthetstilstander.

Det finnes ingen syk kropp, ingen pengemangel, ingen problemer i parforholdet eller gjenstander som kan bremse noen som prioriterer høye handlinger i hvert øyeblikk av livet sitt.

I boken min *La única forma de conectar con tu Alma (Den eneste måten å koble seg til sjelen din)* fortalte jeg hvordan jeg helbredet intens feber på mindre enn fire timer, uten medisiner, og andre smerter jeg opplevde de siste årene, ved å bruke det kraftigste middelet som finnes: **bevissthet**.

Vi mennesker undervurderer i stor grad størrelsen på vårt auriske felt eller elektromagnetiske felt. Og når vi gjør det, glemmer vi at vi er energiske vesener med en kropp i konstant vibrasjon. Noen ganger vibrerer vi høyt, andre ganger lavt, men hvis vi lærer å bruke verden til vår fordel, begynner de lavere tilstandene – skam, skyld, hat, hevn, sinne, tristhet – og deres konsekvenser – fattigdom, sykdom, fordømmelse, frykt – å forsvinne en etter en.

Kanskje har du allerede bestemt deg for å ta av deg bindet, og hvert ord resonerer i cellene dine som lys som opplyser rom som før føltes tomme. Eller kanskje du fortsatt er motvillig til disse ideene. Uansett er dette ikke slutten.

Vi følger spillets linearitet: fra A til B, fra B til C. Når du har ordnet tankene og de åndelige grunnlagene dine, vil du være klar til å oppleve mirakler, kvantesprang, spontan helbredelse og, selvfølgelig, den eneste sannheten i hvert øyeblikk.

Det du har sett så langt, selv om det inneholder universelle lover og avanserte åndelige konsepter, er en logisk og enkel prosess. Og, interessant nok, skaper det ofte konflikt hos de som anser seg selv som «mer avanserte åndelig », fordi de bærer på «jeg vet allerede»-syndromet.

I virkeligheten kan ingen manifestere det de ennå ikke har integrert fullstendig.

Kanskje har du allerede oppnådd mye: penger, kropp, klarhet, til og med forbindelse med Gud. Og det er verdifullt. Men hvis det er et område i livet ditt hvor sannheten ennå ikke kommer til uttrykk – et ødelagt forhold, en gjeld, et fysisk symptom, en inkonsekvens – er det fordi det i den sammenheng fortsatt er noe å huske.

Og på dette planet er å huske ikke å tenke: det er å legemliggjøre.

Så hvis du ikke har 10 000 dollar på kontoen din i dag, er det fordi det er noe i prosessen – internt eller eksternt – som du ennå ikke har integrert fullt ut.

Hvis magemusklene dine ennå ikke er markerte, er det ikke på grunn av genetikk, men fordi noe i kostholdet ditt, fokuset ditt eller trossystemet ditt ennå ikke samsvarer med den virkeligheten.

Hvis du ennå ikke bruker dine gaver til å tjene verden, er det fordi du – på et eller annet nivå – ennå ikke har tatt dem fullt ut i bruk.

Å vite er å kunne leve det. Alt annet er kunnskap som ikke er legemliggjort.

Og **når sannheten blir legemliggjort, manifesterer den seg uunngåelig.**

Det «jeg vet allerede»-syndromet er det som kompliserer ting mest, fordi det «fyller» deg på en falsk måte. Når du tror at du allerede vet, gir du ikke rom for å motta mer informasjon eller integrere ny kunnskap. Med andre ord: du lukker deg.

Derfor må du akseptere å ikke vite for å kunne fortsette og anvende. Det spiller ingen rolle hvor mange konsepter du har eller hvor mye du har oppnådd: hvis du leser disse linjene, tillat deg selv å starte på nytt. Tillat deg selv å ikke vite, hvis du virkelig ønsker en dyptgripende forandring i deg selv.

«Jeg vet bare at jeg ikke vet noe.» Det er min livsfilosofi. Og det er det som har gjort det mulig for meg å stå på skuldrene til giganter, forbli ydmyk, fortsette å lære, vokse og føle meg lykkelig. En person som tror at han allerede vet, stagnerer, og den som stagnerer, fjerner seg fra lykken.

Denne boken er en mulighet til å øke din ydmykhet og plassere deg der du kan oppnå mest vekst: i elevens sted.

Mitt mål er at du, etter hvert som vi går videre, skal få stadig mer forståelse, mer samsvar og enkle og nyttige verktøy, slik at hver eneste dag blir en dag med Sannhet. Dager hvor du gir ditt beste, lever i fred, føler deg lykkelig og oppnår absolutt alt ditt sinn kan forestille seg.

Så la oss fortsette fremover. Du har allerede den komplette rutinen for å bli i harmoni på alle områder; nå skal vi omprogrammere hjernen litt mer, skape nye forbindelser og begynne å leke med det som ikke sees... med det virkelige.

STOPP 6: HØYE PRINSIPPER FOR MANIFESTASJON

«Kall det som ikke er, som om det var, så skal du få det.» *(Romerne 4:17)*

Denne bibelske setningen inneholder grunnlaget for alle manifestasjonsprinsippene. Mange snakker om loven om tiltrekning, loven om antagelse eller andre lover, uten å vite at de alle egentlig bygger på dette: å kalle ting som om de allerede var en del av din nåtid.

Å nevne og erklære det du ønsker som om du allerede opplever det, tiltrekker det til deg. Det kan høres uvirkelig ut inntil det skjer. I det siste har jeg begynt å bruke dette uttrykket for å tiltrekke situasjoner og ting til livet mitt, og det fungerer upåklagelig.

Uansett hvordan du sier det, er nøkkelen alltid å bekrefte det i nåtid. Det spiller ingen rolle hvilken etikett vi setter på det: sannheten er at vi er skapere av verden vi lever i, fordi den ytre verden er en projeksjon av den indre. Og som du allerede vet, er den indre verden ditt trossystem.

Det er her vi kommer inn på begreper som **JEG ER**, som deles i gamle kulturer og bekreftes i *A Course in Miracles*, en kanaliserte bok som formidler Guds læresetninger. Der står det: «Gud er, og ingenting annet er.»

Hva betyr dette, og hvordan forholder det seg til JEG ER for å leve det livet du ønsker?

Det betyr at enhver annen form for å be, søke eller «ønske å oppnå» bare fjerner deg fra det du ønsker. Vi tror at å be er å be Gud om noe, men i virkeligheten er det det mest latterlige og utakknemlige vi kan gjøre i dette spillet.

Å be Gud om noe er å anta at Han har noe Han ikke vil gi deg, eller at Han ikke kan gi deg det. Hvis det var slik, hvorfor har Han det da ikke?

Det er derfor så mange mislykkes i manifestasjonen: fordi de ber eller bruker åndelige lover fra feil sted. Å prøve å påvirke materien fra materien gir aldri ekstraordinære resultater. Først påvirker vi materien fra det høye sinnet, og deretter tilpasser materien seg det vårt sinn klarer å se. Det handler om prinsippet om å tro for å se.

Derfor har vi fokusert så mye på å gi slipp på begrensende atferds- og tankemønstre og integrere nye: fordi det ikke handler om å be eller ikke be, men om **hvorfra du gjør det.**

Hvis du ber fra et «jeg har ikke og jeg trenger å ha»-perspektiv, fjerner du deg fra det du ønsker. Ingen lover ser ut til å fungere, og Gud ser ikke ut til å høre deg.

Men hvis du erklærer fra **Jeg Er**, hvis du kaller «det som ikke er» som om det allerede var det, så gjør du det fra nærværet. Og det er der alt begynner å skje.

Når Gud sier «Jeg er», snakker han ikke om fortiden eller fremtiden. Han bekrefter at utenfor Væren finnes det ingenting annet. Det er verken før eller et , det er verken der eller her. Det er bare det som er.

Det kan høres forvirrende ut i begynnelsen, men dette er roten som mange åndelige strømninger forvrenger. De kaller det «åndelig» som i virkeligheten kommer fra egoet, fordi det innebærer at det finnes noe utenfor Gud. Men det gjør det ikke.

Derfor er foreningen mellom «Jeg er» og handlingen «å kalle ting som ikke er, som om de var» så kraftfull. Det er ikke en teknikk, det er en handling av sannhet. Når du sier «Jeg er helse» eller «Jeg er overflod», lyver du ikke og later ikke som: du erkjenner at Gud er, og at ingenting annet er. At alt annet er illusjon.

> *«Det er den virkelige grunnlaget for manifestasjonen: ikke å tiltrekke, ikke å be om, ikke å vente. Å være.»*

Store vitenskapsmenn og forfattere har i flere tiår fordypet seg i kraften i nåtiden, og alle kommer alltid til samme konklusjon: **nåtiden er det eneste som eksisterer.**

Hvis nåtiden er det eneste som eksisterer, *hvorfor insistere på å skape en fremtid som ennå ikke eksisterer?*

Det er her det å være det man ønsker å være kommer inn. For det man forestiller seg, eksisterer allerede som virkelighet. Hvis ikke, ville man ikke engang være i stand til å tenke det. Det du ønsker, ønsker også det. Det du tror du kan oppnå, er allerede et faktum.

Det som skjer – og derfor virker manifestasjonen å ta tid – er at man ikke kan manifestere noe uten tro, det vil si uten sikkerhet og overbevisning om det man ennå ikke ser, men vet at man kan oppnå.

Fra egoets side ser det ut som om det manifesterte noe fordi det «tok litt tid» før det oppnådde det. Men i bunn og grunn skjedde det ingenting utenfor nåtiden: i manifestasjonens øyeblikk er det som avsløres bare en ny nåtid.

«Tro er altså visshet om det man håper på, overbevisning om det man ikke ser.» *(Hebreerne 11:1)*

Tenk på det slik: du begynte å lese denne boken for en stund siden, men i virkeligheten har du bare gått fra nåtid til nåtid. Du kan ikke unnslippe det, selv om du vil. Selvfølgelig kan du oppfatte fortiden og forestille deg fremtiden, men alt det er bare i tankene dine. Selv det du vil lese på neste side eksisterer ikke ennå; det vil bare dukke opp som en ny nåtid. Dette kan virke galskap, unødvendig eller vanskelig å forstå, men hvis du ikke trener sinnet ditt til å «se det du ikke ser», vil du aldri oppnå noe annet enn det du allerede har. For tro er å se det du ikke har, og det manifestasjonsguruer kaller manifestasjon, kan oppsummeres med akkurat dette.

Den evige og altomfattende nåtiden er der Gud befinner seg. Og det er fra Gud at manifestasjon blir til tiltrekning. Ved å ta for gitt at alt allerede er, er det eneste du gjør å kalle tingene i nåtiden ved å bruke Jeg Er.

La oss se på et eksempel: Da du kjøpte denne boken, tenkte du kanskje noe som: «Jeg skal finne ut sannheten» eller «Jeg er nysgjerrig, jeg skal lese den for å se hva den handler om».

Den holdningen – selv om den var ekte og verdifull – sprang ut fra en forventning: å finne noe utenfor deg selv. Den søken fører oss ofte bort fra vårt eget skjønn, fordi vi i stedet for å observere det som er, begynner å anta hva som burde være. Og å leve ut fra antakelser bringer deg ikke nærmere Sannheten: det låser deg inne i andres tolkninger.

Hvis du i stedet hadde brukt Jeg Er da du åpnet denne boken, ville du ha bekreftet: «Jeg kjenner Sannheten, fordi Jeg Er Sannheten.» Den bekreftelsen er ikke arroganse, det er tilpasning. Det er en vibrasjonserklæring som plasserer deg over begjæret og kobler deg direkte til Kilden. For når du bekrefter det i nåtiden, kaller du på det som ennå ikke er synlig som om det allerede var der, og det er akkurat det som aktiverer den virkelige manifestasjonen: minnet om det evige i nået.

Ta nå dette med deg inn i alle situasjoner i livet ditt. Og vær oppmerksom: Djevelen vil alltid legge feller i de minste detaljene i dette spillet. Når du vil kalle noe som ikke er, som om det var, kan han hviske til deg at «det er ikke ekte, så det har ingen kraft». Men spør deg selv: Hvem prøver å vinne makt ved å si det til deg? Nettopp: Djevelen selv.

Jeg Er er frelsen, fordi Jeg Er er den absolutte enheten med deg selv, med andre og med Gud i hvert øyeblikk. Når du får tilgang til denne forbindelsen med den guddommelige og uendelige kilden, styres livet ditt av høye prinsipper. Og da slutter manifestasjonen å være et problem, fordi du forstår at hvis Gud er og ingenting annet er, så har du alltid alt du trenger, fordi alt *allerede er.*

Vi vil fortsette å gå videre for å gi deg en presis veiledning om viktigheten av dette. For mer enn et kurs i manifestasjon, er Sannheten et faktum. Hvis du til slutt forstår noe, må det være dette: du er en vandrende skaper. Alt du tiltrekker deg – enten du liker det eller ikke – kom på grunn av frekvensnivået ditt. Energien din tiltrekker eller frastøter det du trenger for din evolusjonsprosess. Problemet er ikke mangel på kraft, men vår uskyldige uaktsomhet overfor denne så kraftfulle virkeligheten.

> *«Akkurat som du kan skape hva du vil i livet ditt,*
> *kan du også endre alt du ønsker. Ingenting er*
> *permanent, bortsett fra forandring.»*

Men hvordan kan vi endre en situasjon i livet vårt? Svaret er enkelt: hvis alt svarer til vår frekvens – skapt av våre dominerende tanker – må vi endre disse tankene, gå over til den aktive siden og... heve vårt bevissthetsnivå.

Før vi går inn på dette immaterielle feltet, gir jeg deg en klar oppsummering om tiltrekning og frastøting av det du ønsker, slik at du fra nå av ikke trenger å fortsette å lete etter sannheten utenfor deg selv, og kan begynne å leve som skaper av omstendigheter, ikke som offer for dem.

Nøyaktige trinn for å tiltrekke det du ønsker deg i livet og forvandle enhver situasjon:

1. **Definer hva du ønsker.** Lag en liste på fem minutter med det du ønsker deg mest, og forestill deg at det er umulig å mislykkes i forsøket på å oppnå det.

2. **Evaluer listen din.** Les den og rangér hvert ønske fra 1 til 10 etter hvor mye du virkelig tror du kan oppnå det innen seks måneder. 1 representerer «jeg tror ikke jeg kan» og 10 «jeg er overbevist om at jeg kan».

3. **Filtrer prioriteringene dine.** Konsentrer deg bare om ønskene som er på 8, 9 eller 10. Forkast de andre foreløpig; tiden er ikke inne ennå.

4. **Lag en plan.** Utarbeid en plan som du mener vil bringe deg nærmere disse målene.

5. **Visualiser hver dag.** Gå gjennom målene dine og se for deg at du allerede har oppnådd dem, og vær takknemlig for dem.

Et klart tegn på at du er på riktig vibrasjonsnivå, er at du virkelig føler at du lykkes. Du vil føle deg glad, tilfreds og oppfylt. Hvis du ikke føler dette, betyr det at din overbevisning ikke var på skalaen 8, 9 eller 10, og du må revurdere dine mål.

Jeg vet at mange lærer oss å drømme stort, og jeg anser det som verdifullt: du må gjøre det. Selv trener jeg stadig sinnet mitt til å fokusere på mål som i dag virker utenkelige, men jeg gjør det som en øvelse i å utvide **horisonten**. Hvis du bare drømmer om ting som virker for fjerne, vil det eneste du oppnår være å skyve dem lenger bort. Denne øvelsen hjelper deg å erkjenne dine nåværende begrensninger, men den oppmuntrer deg også til å utvide horisonten litt etter litt, og øke tilliten din til denne kraftfulle ressursen og denne grunnleggende sannheten.

Da jeg oppdaget dokumentaren *El Secreto* og dens lære om loven om tiltrekning, innså jeg at det noen ganger fungerte og andre ganger ikke. Det var frustrerende å føle at jeg ikke tilhørte den gruppen mennesker som klarte å tiltrekke seg det de ønsket. Etter flere år med å bruke denne teknikken, kan jeg forsikre deg om at den fungerer 100 % av gangene. Forskjellen ligger i bevissthetsnivået: fra et lavt nivå er sinnet vårt fortsatt dualistisk og klamrer seg fast til kjødet, formen og de lineære prosessene A, B og C, noe som får oss til å tro at muligheten for manifestasjon eller tiltrekning ikke fungerer, og der det er tvil, er det frykt, og der det er frykt, er det ingen tro. Og uten tro... er det ingen manifestasjon.

Det jeg inviterer deg til nå, er å trene en del av sinnet ditt med samme engasjement som noen legger i sin favorittidrett når de vil bli virkelig gode. Det handler ikke om å prøve; det handler om å bestemme seg. Dette er en prosess med læring, transformasjon og utvidelse som vil bli stadig mer kvantitativ. Og selv om det kan virke slik, er det verken magi eller tilfeldighet: det fungerer når du får det til å fungere. Jo mer du øver, jo mer vil du oppdage at det alltid gir resultater. Men hvis du gir opp halvveis, kan du ikke forvente fullstendige endringer.

For at du ikke skal oppleve det samme som meg da jeg oppdaget dette, vil jeg lære deg noe kraftfullt og subtilt, men essensielt: prinsippet som ligger til grunn for hele denne prosessen med å være og tiltrekke deg akkurat det du ønsker i livet ditt. Og husk, jeg lærer deg ikke dette fordi dette er en «manifesteringsbok», men fordi **sannheten om eksistensen er energi, frekvens og vibrasjon**, og å lære disse prinsippene er noe vi alle burde ha lært fra vi var små. 1 % bruker dem og har vært bevisst på dem i generasjoner, og nå er det på tide at du tar denne informasjonen med den respekt den fortjener. Vi ble lært mange ting, men ikke å tenke og skille mellom sannhet og usannhet. Og sannheten, kjære leser, er åndelig. Så hvis du ikke begynner å gjøre deg kjent med det du ikke ser, vil du alltid være ett skritt bak de som beveger seg i den eksponentielle verden.

STOPP 7: HØYNE BEVISSTHETSNIVÅET

Du kan ikke forvente at en enkelt setning skal forandre livet ditt for alltid. For at våre spilleregler skal være solide, klare og høye, må vi forplikte oss til å heve vårt bevissthetsnivå og dermed vår frekvens.

Alt i det håndgripelige universet er energi, og energi vibrerer. Mennesker er direkte kanaler for denne energien, og derfor er kroppen din så viktig. På dette punktet vil du lære å utnytte den maksimalt som kanal for det guddommelige og som en uuttømmelig kilde til energi. Begrepet «tretthet» vil bli utryddet fra sinnet ditt, fordi det, som du allerede har forstått tidligere, ikke er reelt. Men hvordan kan jeg være så sikker på dette?

I flere tiår studerte dr. David R. Hawkins nivåene av menneskelig bevissthet og skapte **Bevissthetskartet**, en presis guide for å identifisere hvor du står og hvor du kan gå.

Kartet ser slik ut:

Nivå	Kalibrering	Følelse	Livssyn
Opplysning	700-1000	Uutsigelig	Er
Fred	600	Lykke	Perfekt
Glede	540	Serenidad	Fullstendig
Kjærlighet	500	Venerasjon	Godartet
Fornuft	400	Forståelse	Betydelig
Aksept	350	Tilgivelse	Harmonisk
Entusiasme	310	Optimisme	Håpefull
Nøytralitet	250	Tillit	Tilfredsstillende
Mot	200	Bekreftelse	Samtykke
Stolthet	175	Forakt	Krav
Sinne	150	Hat	Antagonist
Begjær	125	Lengsel	Skuffende
Frykt	100	Angst	Skremmende
Sorg	75	Anger	Tragisk
Apati	50	Fortvilelse	Håpløs
Skyld	30	Skyldfølelse	Ondskapsfull
Skam	20	Ydmykelse	Elendighet

Som du kan se, tilsvarer nivåer under 200 de laveste vibrasjonsnivåene, og de har en tendens til å ødelegge livet. Faktisk er en person under 20 svært nær døden.

Derimot, fra 200 og oppover begynner mennesket å oppleve en mer positiv og ekspansiv livssyn. Fra disse tilstandene blir kroppen og sinnet stadig mer harmoniske og får et mer harmonisk syn på Gud og eksistensen.

Noe som er viktig å forstå, er at **frekvensen vår svinger konstant**. Ingen dag vil være lik den forrige, og vi kan ikke kontrollere at alt vil være identisk i morgen. Den virkelige menneskelige kraften ligger i det **bevisste valget av ressursene våre** – som de du så tidligere – og fremfor alt i å utøve den store kraften vi nesten aldri bruker: å velge.

Ingen ved sine fulle fem ville bevisst velge å leve i lidelse, frykt, skyld eller skam. Så hvorfor befinner vi oss så ofte i slike tilstander?

Svaret er enkelt: fordi vi ofte ikke er bevisste nok til å skille mellom egoets stemme (den «onde») og sannhetens stemme (Gud). En person som ikke skiller mellom høye tanker og negative tanker, ender opp med å leve det som «tilfaller» ham, og det er ofte alt annet enn det han egentlig ønsket seg. Ved å nøye seg med det som er, slutter vedkommende å be, og siden vedkommende ikke ber og ikke har tro, mottar vedkommende ikke.

Vi faller ofte inn i tilstander med lav frekvens fordi vi ikke tar livet med den ansvarligheten det fortjener. Vi tar det essensielle for gitt: å være i live, å puste, å ha en kropp, å tenke, å snakke. Når vi tar det for gitt, glemmer vi selve livet.

Har du lagt merke til at de som vanligvis er mest forbundet med det guddommelige, er de som lever omgitt av naturen – i fjell, skoger, elver eller på strender? Hvorfor er det slik? Fordi omgivelsene deres er gjennomsyret av renhet, storhet og liv, og denne normaliteten blir til indre fred. Dette betyr ikke at du må flytte umiddelbart til et naturlig miljø, men at du må forstå at **det du normaliserer i ditt ytre liv, endrer hele din indre verden.**

> *«Hvis du normaliserer smerte og lidelse, vil du motta det. Hvis du normaliserer sykdom, vil du motta det. Hvis du normaliserer rikdom og fred, vil du motta det.»*

Du tiltrekker alltid det som vibrerer med deg. Selv ubehagelige situasjoner eller mennesker du ikke tåler, men som dukker opp hver dag, er der fordi de resonerer med ditt felt. Alt blir skapt av deg og for deg. Og når du begynner å reflektere over dette, begynner sløret å falle av seg selv. Du trenger ikke å rive det av; lyset oppløser gradvis mørket.

Bevissthetskartet er et praktisk verktøy for å etablere et utgangspunkt i hverdagen. Bli kjent med det og bruk det til å normalisere høye tilstander, og husk alltid at skyld, apati eller frykt aldri er fruktbar grunn. Uansett hva du gjør, gjør det med en kjærlig og høy intensjon.

På alle nivåer under 200 er tilgivelse en av de kraftigste drivkreftene for å heve seg. Alt som plager deg, som du skammer deg over, som gir deg skyldfølelse eller andre byrder du opplever, kan oppløses i et øyeblikk av forståelse og tilgivelse.

I motsetning til det vi har lært gjennom mange religioner, er ekte tilgivelse ikke det som «sletter synder», men det som oppløser troen på at konflikten du opplevde var reell. Hvis vi forstår «synd» som den konflikten som skapte skyld og behovet for å be om unnskyldning, så er det vi virkelig trenger ikke å bære på den, men å transcendere den. I boken min *Conoce el único principio (Kjenn det eneste prinsippet)* går jeg dypere inn på dette temaet, for hvis vi gjør noe lite opphøyet og, i stedet for å akseptere det og lære, faller vi i skyld, vokser vi ikke bare ikke, men vi senker vibrasjonen vår til bakken.

Hvis du ser nøye på kartet, vil du legge merke til at selv sinne spiller en viktig rolle, siden det vibrerer høyere enn tilstander som frykt eller apati . Derfor bør ingen av disse bevissthetstilstandene merkes som «gode» eller «dårlige». Det er et kart, og et kart er ikke moralsk: det er bare en veiledning som hjelper oss å få perspektiv og å velge. Du kan velge hvilken tilstand du vil vibrere i.

Og selv om du ofte befinner deg i lave frekvenser, vet du nå at det finnes flere muligheter. Og bare den påminnelsen er revolusjonerende.

Etter hvert som ditt engasjement vokser, vil også bevisstheten din vokse. Det vil få frekvensen og vibrasjonen din til å stige på kartet, og bringe deg stadig nærmere Gud og samtidig dine drømmer.

Husk: det du ønsker, ønsker også deg. Men for å akseptere denne ideen, er det nødvendig å gå inn i tilstander av enhet og ikke av separasjon. For å forstå at det du ønsker også ønsker deg, må du først lære å elske deg selv, behandle andre med kjærlighet og sette Gud inn i ligningen for livet ditt.

STOPP 8: Å OPPNÅ DET ENESTE NØDVENDIGE FORMÅLET

For at vi skal kunne gå frem med absolutt sikkerhet, må vi gå frem med Gud. Det er ikke mer å si om det. Jeg vil være tydelig på dette, fordi jeg vil at du skal slutte å la deg villede av budskap som bare har tjent til å forvirre deg.

Hør her, vi vet ikke nøyaktig hva som holder oss i live, men vi vet med sikkerhet at vi ikke kontrollerer verken vårt liv eller vår død. Å være i live er ikke en tilfeldig eller kausal handling: det er synkront, perfekt og uforklarlig.

I dag legger du deg til å sove, og i morgen våkner du uten å huske det nøyaktige øyeblikket du sovnet. Men en dag vil det ikke skje. Og det er helt greit. Det som virkelig betyr noe, er dette faktum: **du er i live i dag**.

Vi mennesker faller hele tiden i fellen med å tro at «jeg gjør det senere» er ekte, at «senere» eksisterer, at fremtiden er garantert. Og det er dette jeg vil spare deg for, ikke fordi det er «farlig», men fordi nettopp denne tankegangen frarøver deg muligheten til å leve nå. Mange frykter døden, men de innser ikke at de ikke lever i nåtiden nettopp på grunn av denne frykten. Og det burde være den riktige definisjonen av «død»: å leve i en tidsperiode som ikke eksisterer nå.

Hvis du klarer å gå uten tvil, vil du nå det vi alle innerst inne ønsker: å leve. Og å leve handler ikke om stedet du er, menneskene rundt deg, hva du gjør eller hva du har. Å leve er en indre tilstand. Enten føler du deg levende, eller så føler du deg ikke levende. Et bekymret sinn kan ikke føle seg levende. Et sinn fylt av frykt kan ikke føle seg levende. For å strømme over av høye tilstander – for å bebo høye nivåer av bevissthet – må formålet ditt være klart, presist og i tråd med et høyere gode: i tråd med Gud. Og hva vil Gud? Det samme som deg!

Mange mennesker venter på motgang eller katastrofer for å se til Gud og få kontakt med det uforklarlige. Men du trenger ikke å vente på at en konflikt skal oppstå. Det er mye kraftigere å velge Sannheten når alt går bra enn når det ikke gjør det.

«Jesus sa til ham: Fordi du har sett meg, Tomas, har du trodd. Salige er de som ikke har sett, men likevel trodd.» *(Johannes 20:29)*

Det ubegrensede finnes i nåtiden, i det rommet som skaper alt og som, paradoksalt nok, virker tomt.

Fra sin tilstedeværelse er Gud ett med deg og med alle vesener som bor på jorden. For å nærme deg denne foreningen må du overgi deg til ditt formål uten forbehold, og fjerne alle distraksjoner eller tvil som kan komme i veien. Det merkelige er at svært få er villige til å gjøre dette. Hvorfor? Fordi det er lettere å la seg rive med av komforten. Men å leve med et formål er ikke det samme som å leve bedøvet, med rusmidler, med laster eller ved å flykte fra virkeligheten. Det er ikke å leve: det er å overleve, som er det samme som å si at du har overgitt livet ditt til djevelen, fordi du valgte konformisme fremfor ansvaret for å gå inn på den positive siden av livet og realisere dine ønsker.

Det virker som et enkelt ordspill, men i virkeligheten er det den eneste sannheten om livet. Du leter etter «den femte beinet på katten» for å berolige et ego som tror at «det må være noe mer». Og nei, det må ikke være noe mer enn det som allerede er. For det er det eneste som er, og det eneste som vil være.

Husk: **Gud er, og ingenting annet er.** Det samme gjelder livet ditt: **livet ditt er, og ingenting annet er.**

Spørsmålet er: hvilket liv velger du for deg selv?

Forstå dette: Alt du ønsker som er annerledes enn det du allerede har, vil føre deg rett til lidelse, fordi det skiller deg fra Gud. Å anerkjenne og være takknemlig for alt du allerede har, bringer deg derimot nærmere Gud, fordi det bringer deg i samklang med takknemlighetens frekvens, som sier: «Alt er allerede gitt meg».

Du har så stor fri vilje at du kan velge hvilket liv du vil leve: et liv i lidelse eller et liv i konstant takknemlighet. Og selv om det høres drastisk ut, er det ikke det i det hele tatt. Det kan være turbulens i et fly, men det betyr ikke at du må miste roen... med mindre du fortsetter å tro at du bare er kroppen din.

Den naturlige motstanden mot denne typen påstander er ofte knyttet til egoets trang til å minne oss kontinuerlig på at vi er det. Siden det er nært knyttet til kroppen og alt det tror det eier, utløser alt som unnslipper dets kontroll alle alarmene i systemet. Egoet vil ikke dø, eller det søker døden som en befrielse. Dets største problem, som du vil merke, er at det tror at det finnes problemer. Det tror at det er smertefullt å være i live, og at det også ville være smertefullt å ikke være det. I stedet for å leke med dualiteten, tror det at det er dualiteten.

TV og sosiale medier er i dag de viktigste kanalene for mental programmering. Kanskje vil de aldri slutte å fremme frykt, splittelse og avhengighet. Men du kan velge: ikke konsumere dette innholdet, slutte å følge kontoer som tapper deg for energi, dempe algoritmer som hypnotiserer deg eller til og med slette appene som holder deg fanget.

TV-en kan slås av. Mobilen også.

Netflix vil kanskje aldri slutte å tilby skrekkfilmer, men du kan velge å ikke betale for Netflix eller bare ikke se dem.

Vaksiner vil kanskje fortsatt bli brukt som manipulasjonsverktøy, men du kan velge å ikke vaksinere deg, eller gjøre det med bevissthet og kjærlighet.

De som styrer vil kanskje fortsette å appellere til sine egne fordeler og ikke til befolkningens, men du kan begynne å appellere til dine egne og til det felles beste for dem rundt deg.

Livet er kanskje ikke «rettferdig», men du kan leve i fred.

Døden er kanskje uunngåelig, men akkurat nå er du i live.

Hvis noe inneholder sannheten, er det forståelse. Å forstå at den eneste veien til kjærlighet er å integrere spillet vi er en del av. Å frykte det som vil skje er ikke å være i live, det er å føle seg atskilt fra livet. Og det er denne atskiltheten som, litt etter litt, fjerner deg fra Gud, fra drømmene dine og fra det livet du virkelig fortjener.

> *«Ingenting i livet har makt til å skade deg, for du er ikke noe som kan skades. Husk: du har en kropp, men du er ikke den kroppen.»*

STOPP 9: Å LEVE I ABSOLUT ALIGNEMENT

Mange tror at det er galt å anskaffe materielle ting, når det eneste som er «galt» er å dømme noe som godt eller dårlig. Andres liv er en del av din ubevisste projeksjon. Det du ser i andre reflekterer noe du trenger for din egen vei: for å lære, integrere eller oppdage noe du ikke kunne se før. Ja, det kan være vanskelig å vite. Men jeg sier deg rett ut at det ikke finnes noen «andre» som du kan kalle partner, venn, mor, far osv. Alt i dette livet konspirerer til din fordel, selv om den fordelen er kamuflert som den største og viktigste leksjonen i livet ditt.

Med den eneste Sannheten vil jeg aldri si at du ikke eier noe. Det jeg alltid vil minne deg om, er at alt du «eier» egentlig ikke er ditt: du bare forvalter det. Det er sant at du kan kjøpe ting, ha en partner, venner, familie eller kjæledyr. Og det er like sant at på et dypere nivå har du ikke noe av dette.

Jo lenger han kommer i sin indre utvikling og i sin forbindelse med Gud, jo mer forstår han at tingene i verden er verktøy: de hjelper ham å balansere løsrivelse med tilknytning. Litt etter litt mister de den vekten de hadde i begynnelsen, men likevel tillater han seg å bruke og nyte dem, ganske enkelt fordi han er i live.

Noen velger å ikke kjøpe noe og vender seg helt bort fra kapitalismen, som mange yogier. Likevel, hvis de fortsetter å leve, forbruker de vann eller mat, selv om de gjør det med full bevissthet. Matvarer, uansett hvor høyt de er, tilhører den pragmatiske skalaen.

Den har ikke bevissthet, og derfor rangerer den ikke høyt i seg selv. Dens rolle er ikke å føre deg til opplysning, men å ikke forstyrre den.

Å spise med nærvær og bevissthet øker energien din mer enn noen ingrediens i seg selv. En matvare kan være ren, men hvis den spises ut fra tilknytning, frykt eller uorden, senker den frekvensen din.

Dens formål er et annet: å opprettholde kroppen din, unngå distraksjoner og følge formålet ditt, ikke erstatte det.

Uansett hvilken vei du velger, husk alltid å gjøre det fra integrasjon og ikke fra separasjon. Uansett hvor nær Gud du er, uansett hvor bevisst du er, hvis formålet ditt er å gi og dele, bør det ikke være noe problem for deg å bruke tingene i verden.

I min personlige erfaring valgte jeg ikke veien til isolasjon eller ekstrem minimalisme, men heller ikke veien til akkumulering. Som du kanskje allerede vet, deler jeg livet mitt på sosiale medier: tingene jeg gir slipp på og de jeg velger, stedene jeg bor, og læringene jeg integrerer underveis.

Denne delingen er ikke tilfeldig: den er en del av mitt formål. Gjennom dette innholdet inspirerer jeg andre mennesker til å stille spørsmål, våkne opp og handle mer bevisst.

Ja, jeg tjener også penger på det. Tusenvis av dollar som kommer som en direkte følge av å leve i samsvar med meg selv, å skrive bøker som vekker, å danne fellesskap og lage produkter som er i tråd med det jeg lærer bort.

I begynnelsen var det vanskelig for meg å integrere dette. Det var utfordrende å akseptere at jeg skulle bli en anerkjent forfatter og millionær, og at en del av formålet mitt ville være å vise alt – det materielle, det åndelige, det enkle og det luksuriøse. I verden er det mye avvisning mot dem som klarer å leve av det de elsker, fordi mange tror at de ikke kan gjøre det. Det er lett å si det, men når du lever det, forstår du at å vise det også er en tjeneste: fordi det viser at det er mulig.

For en tid siden besøkte jeg et buddhisttempel i Uruguay hvor jeg forsto noe som gjorde dypt inntrykk på meg:

> *«En ekte mester er den som blir opplyst, men kommer ned til verden for å opplyse andre.»*

Hva nytter all denne innsikten eller en høyere måte å leve på hvis den ikke hjelper noen andre? Det sies at vi finner lykke ved å hjelpe andre med å finne den, og med tiden blir jeg stadig mer overbevist om at dette er sant.

Selvfølgelig kan sannheten være ubehagelig, og å velge å opplyse kan føre til at flere «kryp» angriper deg – de flyr tross alt alltid mot den tente lampen. Men til tross for dette er veien til sannheten den som ethvert menneske fortjener å leve. **Du fortjener å leve med Gud.**

Men hvordan kan vi leve i absolutt harmoni, holde fast ved vår sannhet og føle oss nær Gud?

1. **Ved å være klar over hva du vil.** Definer nøyaktig hva du ønsker, og lev hver dag i samsvar med den sannheten.

2. **Vær ærlig.** Når vi avviser andre eller vender oss bort fra det som skaper konflikt, utsetter vi bare vår utviklingsprosess.

3. **Ved å opplyse andre på veien.** Gå fremover åndelig med store skritt, men ikke glem å komme tilbake og dele.

Jeg vil stoppe litt opp ved dette siste punktet før vi går videre til å oppdage matrisen.

Hver gang du samler for mye av det materielle – gjenstander, mat, relasjoner – risikerer du å miste kontakten med det åndelige. Derfor er investeringen du gjør i ditt Selv avgjørende: den lar deg alltid være over det materielle.

Hva betyr det å investere i deg selv?

Å investere i deg selv er å bruke ressurser – tid, energi, penger og oppmerksomhet – på det som utvider deg indre. Det er å velge stillhet fremfor støy. Det er å betale for veiledning i stedet for å kjøpe noe du ikke trenger. Det er å slutte å la deg distrahere av skjermer for å se innover eller begynne å studere en god bok. Det er å så i det evige og ikke bare i det umiddelbare.

Å investere i deg selv gir ikke alltid umiddelbar avkastning, men det forvandler alt du er, og dermed alt du har, fra grunnen av.

Interessant nok er det ofte når du føler at du har steget for høyt at det er mest nyttig å anskaffe noe materielt: Å ha gjennom å gjøre.

Dette avslører noe som mange overser: formelen fungerer bare i ekte harmoni, når hver komponent brukes med bevissthet.

Ja, i begynnelsen ser det ut til at det eneste vi må ta oss av er Væren. Men Væren vokser, forandrer seg, utvider seg. Det som i dag er høye handlinger, er kanskje ikke det i morgen. Det du ønsker å ha i dag, kan i morgen forvandles til et annet ønske. Og det er greit. Nøkkelen ligger i å tilpasse oss uten å miste det solide fundamentet: en Være som er i stand til å tåle enhver motgang eller enhver suksess som måtte komme.

> *«Ekte suksess oppstår når vi er i stand til å flyte med livets forandringer fra en tilstand av indre fred og harmoni.»*

Kjenn den eneste sannheten var for meg et bevissthetskall, en bevegelse som jeg føler revolusjonerer hele verden. Mange sier at den eneste sannheten er Gud, eller at den eneste boken som inneholder den er Bibelen. Men det er mye mer vi kan gå i dybden på. For uansett hva du tror, uansett hva du leser, ligger det en visshet bak alt: **den eneste sannheten er den samme for alle**, selv om hvert individ oppfatter den forskjellig, filtrert gjennom Kilden som skapte oss.

I neste kapittel skal vi overskride grenser og barrierer. Vi skal søke svar på de spørsmålene vi alle har stilt oss selv en gang, og som hittil bare har skapt usikkerhet. Som jeg sa i begynnelsen, handler det ikke om å samle mer informasjon eller lære noe «nytt». Å tro at vi trenger noe, setter oss i en mangelsituasjon. Invitasjonen er å observere, å internalisere det du leser fra et sted av empowerment, som lar deg gå utover dine nåværende grenser. For fra hver ekte forståelse blir livet ditt rikere, mer overflod og fyldigere.

På dette punktet vil alle som har internalisert og anvendt det som ble delt i første kapittel, kunne forstå tydeligere hvordan denne verden er bygget opp, hvilke nettverk som beveger seg bak kulissene, og finn , dype svar på spørsmål som har banket i deg i årevis. Kapittel to i Sannheten er bare en påminnelse. Vi vil koble sammen punkter, knytte sammen ideer, og du vil oppdage at du alltid har kjent veien, at den eneste Sannheten alltid har vært der. Det vil gi deg fred, glede og fylde, bare ved å forstå denne eksistensen.

Dette kapittelet er dypt, men det vil gi deg tilbake det viktigste: **din kraft.**

«Systemet», «matriksen», har sendt ut budskap om separasjon, frykt og konflikt. Det førte til at store deler av menneskeheten glemte den største gaven Gud ga oss i denne verden: **ansvar.**

> *«Tenk aldri igjen at du er betinget. Husk: du er programmert. Hvis du er programmert, kan du avprogrammeres. Ansvaret er alltid ditt, og det er den gaven Gud har gitt deg.»*

Nå som du ikke lenger vandrer rundt uten mål, er du klar til å se. Ikke med verdens øyne, men med sjelenes.

KAPITTEL 2

Å OPPDAGE MATRIXEN

Dette kapittelet er en **hellig nedstigning**. Men ikke ned i mørket, men ned til roten av programmeringene som har hindret menneskeheten i å huske hvem den egentlig er.

Vi vil dele det inn i to faser. Ikke fordi de er adskilte, men fordi de manifesterer seg på forskjellige plan av samme bedrag.

Fase 1: Systemprogrammering og frykt

I denne første delen skal vi se på hvordan den synlige matriksen er strukturert: regjeringer, media, induserte sykdommer, emosjonell kontroll, kriger og massive distraksjoner. Ikke fra et paranoid perspektiv, men fra bevissthet.

Her vil du forstå hvordan frykt ble sådd som en strategi for å kutte din forbindelse til kroppen, til energien, til helsen og til den naturlige helbredende kraften som ble gitt deg av guddommelig rett. Men enda viktigere, du vil forstå følgende:

> *«Både tro og frykt krever at vi tror på noe vi ikke ser.»*

Fase 2: Sannheter begravd under jorden… og under århundrer

I den andre delen går vi dypere. Vi går ned til selve grunnlaget for denne virkeligheten:

- Hva skjedde med gigantene?
- Hvorfor fortalte de oss ikke om tidligere sivilisasjoner?
- Hvem designet oss genetisk?
- Hvorfor blir så mange bevis skjult eller latterliggjort?

Jeg advarer deg: denne fasen er ikke behagelig og har ikke til hensikt å være rasjonell. Men den som våger å gå gjennom den med et åpent hjerte, får tilgang til en erindring som er eldre enn noen offisiell historie: erindringen om sin sanne opprinnelse... og med den, erindringen om sin **storhet**.

DEL 1: DET ER PÅ TIDE Å VÅKNE

Når grunnlaget for ditt Vesen er lagt, vil vi gå videre til å forstå Matrix fra et mer skjult perspektiv. Jeg vil vise deg mye av det som ligger bak denne verden, slik at du kan begynne å forstå at det er ting du ikke visste... og som du aldri vil vite helt. Dette vil ikke bare utvide sinnet ditt, men også åpne for nye muligheter i din egen eksistens.

Når du tror det er mørkt, er du den eneste som kan tenne lampen og gi lys. Matrix er ikke noe du akkurat vil unnslippe, men det er noe du kan bruke til å få sjelen din til å fortsette å utvikle seg mens du spiller på den aktive siden av uendeligheten, slik du allerede har lært å gjøre.

> «For å se hele sannheten må man noen ganger gå inn i cellen man har låst seg inne i. Ikke for å bli der, men for å se klart de lenkene som binder deg til smerte, frykt eller løgn. Denne delen er ikke ment å skremme deg, men å hjelpe deg med å se det som holder deg fanget i øynene... og minne deg om at nøkkelen alltid har vært i din makt.»

KONTROLLEN OVER MENNESKEHETEN

I dag er fjernsynet fortsatt den viktigste kanalen for nyhetssendinger og dramaprogrammer. Men dette «informasjonsviruset» har også spredd seg til sosiale medier. Uansett hvor du er, uansett hva du gjør, vil du uunngåelig støte på tragiske nyheter som inviterer deg til å stille inn på den kollektive frykten.

Uansett hva som skjer utenfor, er det noe **du** aldri må glemme: **det er du som skaper alt hele tiden.** Alle nyheter som får deg til å vibrere lavere, dukker ikke opp ved en tilfeldighet: de dukker opp fordi du allerede var på den frekvensen. Hvis du stilte inn på den, er det fordi du allerede hadde den i deg.

I stor skala er det følgende du må huske: **Du er en energisk antenne som er koblet til kvantefeltet.**

> *«Hvis alle forsto at kroppen deres er en antenne som kan stille seg direkte inn på den uendelige kilden, ville det aldri mer være frykt, sykdom eller ulykke i menneskenes hjerter.»*

Når jeg snakker om «virus», mener jeg det mektigste våpenet eliten bruker for å manipulere menneskeheten: **frykt**. Gjennom frykt, usikkerhet og repetisjon planter de setninger som «verden er i kaos», «vi kommer alle til å dø», «en ny krig er på vei» i det kollektive bevisstheten. Og det er ikke bare når det skjer store hendelser. Selv i «rolige» tider fortsetter programmeringen: tyverier, drap, sykdommer, inflasjon, ulykker. Frykten hviler aldri.

Og kontrollspillet slutter ikke der. De siste årene har vi sett hvordan de med ett enkelt klikk kan etterlate millioner av mennesker uten noe. Synes du det er en tilfeldighet at det i mars 2025 ble bedt om å forberede overlevelses -sett i Europa – med mat, vann, lommelykter og radioer – og at bare noen uker senere en massiv strømbrudd etterlot millioner av mennesker i Spania og Portugal uten strøm i mer enn 10 timer? Dette er ikke paranoia. Det er strategisk planlegging for å måle menneskelig reaksjon på en indusert kollaps.

Og det er ikke første gang.

Husker du utbruddet av svineinfluensa i 2009? SARS i 2003? Ebola? AIDS på 80-tallet? Alltid det samme mønsteret: **massiv frykt + mediekampanje + påtvunget løsning** (vaksiner, medisiner, restriksjoner). Og bak alt dette ligger det samme skjulte budskapet: «Du har ikke makt over kroppen din eller livet ditt; du trenger oss for å redde deg».

Sannheten minner deg om akkurat det motsatte: **du har makt!** Du har alltid hatt det, fordi du er en del av Kilden. Du kan kreve denne makten ved å ta ansvar for tankene dine.

Du har aldri vært i reell fare. Det eneste som har gjort kroppen din syk gang på gang, er troen på at du kunne bli syk. Det eneste som har tiltrukket disse dramatiske situasjonene, er frekvensen din. Ingenting annet.

Det handler ikke om skyld. Ingen har skylden for noe.

Du og jeg er ikke ansvarlige for det som sendes på nyhetene. Men vi er 100 % ansvarlige for hva vi velger å konsumere, tro på og akseptere.

Hvorfor tror du det eneste de viser er dødsfall, katastrofer, kriger, ran og pandemier? Fordi det er det folk konsumerer mest ivrig. **Frykt skaper avhengighet**. Den følelsen av å være «informert» skaper en illusjon av kontroll. Men det eneste du kontrollerer er hyppigheten... og dermed livet ditt.

Hvis dette fremdeles virker rart for deg, kan du prøve følgende øvelse: Søk etter følgende på YouTube, TikTok eller Instagram: *dagens alarmerende nyheter*. Se på minst 5 minutter av denne informasjonen. Når du er ferdig, skriv med dine egne ord hvordan du følte deg.

Skriv deretter inn «morsomme dyr» i søkemotoren og se på disse videoene i 5 minutter. Når du er ferdig, skriv igjen hvordan du føler deg nå.

Noen kan hoppe over denne øvelsen fordi de mener at konklusjonen er for åpenbar. Paradoksalt nok er det disse som trenger den mest.

Sannheten er at vi er sterkt påvirket av alt som omgir oss. Hvis du ikke er fullt bevisst på at det du ser og hører har direkte innflytelse på energifeltet ditt, vil du fortsette å sove, distrahere deg selv og fjerne deg fra den eneste sannheten.

Med den globaliseringen som preger verden i dag, er det nok med en telefon, en tweet, et klikk... og millioner av mennesker går i panikk samtidig. Hvorfor skjer dette? Vi har allerede sagt det: for å få kontroll. Men hvorfor fungerer det? Fordi du ennå ikke har tatt i bruk din sanne indre kraft.

Ikke bli skremt. Dette er ikke en klage eller et utbrudd, det er et faktum. Du har rett til å stille spørsmål ved alt, også dette. Men betrakt det som en nøkkel som åpner døren til sannheten. Du har ikke sett noe ennå. Vi har bare begynt. Spenn sikkerhetsbeltet, for de neste sidene kan utløse et jordskjelv i bevisstheten din.

Som et populært uttrykk sier: «Den som kontrollerer mediene, kontrollerer sinnene.» Men jeg skal si deg noe enda sterkere: «Den som behersker sitt sinn, kan ikke kontrolleres av noen.»

> «Det eneste som gjør en person syk, er troen på at man kan bli syk.»

Ikke ta dette utsagnet som en absolutt sannhet. Betrakt det. Still spørsmål ved det. Spør deg selv: **Hva om du aldri har vært syk, men bare koblet fra din egen sannhet?**

Hvis du hørte dag og natt at tusenvis av mennesker dør, ville du ikke følt frykt? Det ville jeg også. Men den frykten beskytter ikke, den forgifter. For frykt er den mest stille og dødelige sykdommen som finnes.

Derfor gjentar jeg: **Det virkelige viruset er frykten. Og den virkelige kuren... er deg.**

SÅNN TJENER «DE» PENGER

Det var 2019, og jeg bodde hjemme hos foreldrene mine. Jeg hadde nettopp sluttet i jobben min, hvor jeg jobbet fra 9 til 6, for å dedikere meg til å «starte en internettbedrift». Min virksomhet på den tiden var å analysere finansmarkedene og spekulere i kjøp og salg av valuta for å tjene penger på transaksjonene, noe som på ofte kalles «trading». Selv om det ikke gikk så bra, fulgte jeg nøye med på verdensnyhetene, siden det er de som påvirker mest på et marked som ikke er annet enn ren kollektiv emosjonalitet.

Å konsumere nyheter og holde meg oppdatert på hva som skjedde i finansverdenen var en del av min daglige rutine.

I mange år så jeg med egne øyne hvor manipulert økonomien er fra innsiden. Hvordan dollarprisen og andre valutaer gang på gang blir manipulert med falske eller forsinkede nyheter for å tjene mer penger og la store selskaper bli stadig rikere.

På den tiden ble det stadig sagt at markedene ikke kunne holde seg på sitt høyeste nivå, at alt som går opp må gå ned, og at noe ville skje når som helst.

Men selvfølgelig faller ingenting «bare fordi». Det trengs alltid en ekstern utløsende faktor, en global katastrofe som rettferdiggjør en brå nedgang. Og COVID var det perfekte verktøyet.

> *«Når frykten sprer seg, omorganiseres rikdommen.*
> *Og alltid til de samme lommene.»*

Realiteten er at pengene følger de våkne. Penger tiltrekkes av ansvar, ikke unnskyldninger. Hvorfor? Fordi alt er energi. Utover å være papir eller en bit, svarer det vi har eller ikke har i livet vårt direkte på vår vibrasjon.

Eller tror du fortsatt at millioner av dollar vil falle ned på hodet ditt mens du fortsetter å tro at det ikke er helt etisk å være rik?

Vi pleier å undervurdere det faktum at penger er drivstoffet på det pragmatiske plan. Alt ender, på en eller annen måte, med politiske eller religiøse formål – de to enhetene med flest tilhengere i menneskehetens historie.

Dette er det som ligger bak et enkelt virus: frykt. Og å bruke frykt som et manipulasjonsvåpen er heller ikke noe nytt. Kirken gjorde det fra begynnelsen av ved å innføre ideen om dødssynder som fører rett til helvete.

Vår hjerne er ubevisst programmert til å unngå smerte. Derfor handler vi ofte mer ut fra frykt enn kjærlighet. Hvis det eneste du ser utenfor er smitte og død, begynner fryktens frø å vokse til du uten tvil tror at alt dette er virkelig. Det samme skjer med enhver krise: hvis du hver dag hører at markedet faller eller at det ikke er penger, ender du opp med å gjenta det innenfor og utenfor deg selv, og gjett hva... det er det du ender opp med å leve.

> «Der du retter oppmerksomheten din, retter du energien din. Og der du retter energien din, utvides det du observerer.»

Så kanskje du lurer på: bør jeg ignorere alt som skjer i verden?

Svaret er: ikke nødvendigvis. Innenfor denne verden finnes det flere verdener. Sinnet ditt er ett, akkurat som sinnet til naboen din, partneren din eller foreldrene dine. Hver person lever i sin egen virkelighet, og derfra skaper og bidrar de til den kollektive virkeligheten.

Det handler derfor ikke om å ignorere andre, men om å bli bevisst på seg selv og velge hvorfra man ønsker å skape og samhandle.

Hvis du vibrerer i mangel, vil mangelen skape. En person som grunnla et selskap måtte tenke i overflod for å skape et produkt eller en tjeneste og tilby det til verden. Ellers ville ingenting av det vi kjenner i dag eksistert. Mange forveksler det med å tro at det er det ytre systemet som må endres. Det er mystikkens felle: å fortsette å peke på andre – regjeringen, politikken, religionen, eliten, illuminati, frimurerne, bedriftene, til og med andre gründere. Det er den laveste delen av vibrasjonsskalaen, fordi det eneste det formidler til verden er: «Se, jeg er et offer. Jeg gir deg all min makt. Jeg vil ikke ta ansvar for noe.»

Hvordan kan dette brukes på en pandemi eller en hvilken som helst situasjon i verden?

Jeg skal gi deg et enkelt eksempel som du også kan bruke i hverdagen. Vi har alle, av fri vilje, fire måter å handle på. Ta for eksempel vaksiner, som mange steder var et krav for å kunne jobbe eller utføre offentlige formaliteter.

DE 4 MÅTER Å VELGE PÅ: FRYKT ELLER KJÆRLIGHET

1. Direkte frykt.

Tenk deg at regjeringen sier at du må vaksinere deg for å kunne fortsette å jobbe eller være trygg. Du vil ikke gjøre det, du føler det i kroppen... men du går med på det likevel, med sinne, med avvisning, med en indre stemme som roper: «Dette er ikke riktig, men jeg har ikke noe valg». Du vaksinerer deg. Og du gjør det ut fra frykt. Som alle valg som er født i frakobling, får du mer lidelse enn lindring.

2. Forkledd frykt.

Forestill deg nå at du, når du får den samme ordren, sier: «Jeg vaksinerer meg ikke, selv om de sparker meg, selv om jeg blir smittet». Det høres modig ut, men hvis du ser ærlig på det, vil du se at roten fortsatt er frykt: frykt for systemet, for å bli syk, for å gi etter. Holdningen er kamp, forsvar. Og det som følger etter frykten, selv om den er kledd i mot, er alltid spenning og konflikt.

3. Nærværende kjærlighet.

Tenk deg at du bestemmer deg for å vaksinere deg. Men denne gangen, ikke fordi du må, men fordi du er bevisst. Pust. Observer. Bestem deg. Før du får vaksinen, velsign øyeblikket, kroppen din, personen som gir deg vaksinen og til og med innholdet i vaksinen. Ikke fordi du stoler blindt, men fordi du stoler på din evne til å forvandle enhver opplevelse gjennom kjærlighet.

Du blir ikke helbredet av vaksinen, men fordi du allerede var frisk da du valgte fra Gud.

4. Fast kjærlighet.

Tenk deg at du bestemmer deg for ikke å vaksinere deg. Ikke som en rebellisk handling, men som et uttrykk for din indre sannhet. Du er takknemlig for å kunne velge. Du fordømmer ingen. Du gjør deg ikke til offer. Du vet at det kan få konsekvenser, men du lever ikke lenger for å unngå dem, men for å ære deg selv. Beslutningen kommer fra fred. Og den freden, som ikke avhenger av hva som skjer utenfor, er din kraftigste medisin.

Har du lagt merke til det? Å handle ut fra frykt skaper bare mer frykt. Å handle ut fra kjærlighet skaper mer kjærlighet.

> *«En beslutning tatt fra et høyt bevissthetsnivå helbreder mer enn noen injisert substans.»*

Folk pleier å komplisere ting for mye bare fordi de ikke bestemmer seg. Beslutningen, tatt med full tilstedeværelse, er det som helbreder. Tvilen er det som dreper.

Derfor er helbredelse alltid direkte relatert til hvor mye en person forplikter seg til å lytte til hva han eller hun føler, hvor mye ansvar han eller hun tar for det følelsen og hvor mye han eller hun klarer å forvandle den følelsen av frykt til en følelse av kjærlighet. Det handler ikke om bedre eller dårligere: det handler om intensjon, bevissthet, indre ansvar.

Den fremgangsmåten jeg deler med deg her, kan du bruke hvor som helst og når som helst. I hverdagen møter du sikkert hendelser du ikke liker, ubehagelige samtaler eller utfordrende situasjoner. Hvis du husker at du alltid kan velge – å bli eller gå, snakke eller tie, handle eller vente – og gjør det i fred, vil du begynne å fylle hele livet ditt med fred.

Dette er hva jeg mener når jeg sier at «det indre skaper det ytre». Vi kan ikke kontrollere det som skjer utenfor, men vi kan kontrollere vår holdning.

> *«Hvis elitens planer dreier seg om frykt, og du klarer å føle kjærlighet, har du allerede vunnet spillet fullstendig.»*

Her er nøkkelen: uansett hva du gjør, vil det alltid være vanskelig. Det er vanskelig å være overvektig, og det er også vanskelig å trene hver dag og slutte å spise det du tidligere likte. Det er vanskelig å ha en jobb du ikke liker, og det er også vanskelig å starte en bedrift uten å vite om den vil fungere. Forskjellen ligger i å bestemme seg. Når jeg sier «det er alltid vanskelig», må vi spørre oss selv: for hvem er det alltid vanskelig?

Det er alltid vanskelig for egoet, fordi egoet ikke bestemmer seg. Og siden det passivt venter på at ting skal endre seg, begynner dets skapende energi å stagnere. Overspising, distraksjoner, rusmidler osv. begynner å dukke opp.

For så lenge det ikke bestemmer seg for hva det vil, virker alt som en byrde. Men når det bestemmer seg for hva det vil og handler for å oppnå det, selv om det krever innsats, nyter det det. Det eneste som ødelegger det, er å føle seg retningsløst og nøye seg med det som «tilfaller» det. Det som gir liv, krever bevegelse, fordi absolutt alt i denne matrisen er energi.

Og som energiske vesener, la oss bruke denne kraften til å spille spillet slik vi virkelig fortjener.

UBEGRENSEDE VESENER SOM SPILLER EN BEGRENSET OPPLEVELSE

Etter alt vi har utforsket, virker det logisk at de som kontrollerer systemet, først og fremst er interessert i å hindre oss i å våkne, å tenke selvstendig, å se innover. De vet at vi er dypt påvirkelige... og har brukt det til sin fordel i århundrer.

Men jeg vil invitere deg til noe: Slutt å tenke at «de» er onde vesener. Det er en rent religiøs fortelling som har lært oss å tro at ondskapen er utenfor oss, akkurat som frelsen. Eliten er tross alt mennesker som deg og meg. Hvis de skulle være reptiler eller en annen fremmed rase... spiller det noen rolle?

Jeg pleide å tenke på disse tingene hele tiden. Jeg stilte meg tusen spørsmål. Og hvert svar førte meg til flere spørsmål. Inntil jeg en dag stilte meg det virkelige spørsmålet: *Betyr det virkelig noe å vite det jeg vil vite?*

Det jeg har forstått med tiden, er viktigheten av å gjøre livet mitt enkelt. Og jeg snakker ikke om å dra til toppen av et fjell for å meditere 24 timer i døgnet, men om å spørre meg selv: Hvordan vil jeg leve? Hva er det jeg virkelig vil? Det er det essensielle spørsmålet som markerte en ny retning i forståelsen av denne «matrisen» for livet mitt.

Derfor søker ikke dette verket å gi deg makt gjennom sinne, men gjennom ansvar. Fra det eneste stedet hvor du kan bruke din absolutte makt: beslutningen. Å bestemme hva du vil er din største gave.

> *«Hvis verden konspirerer mot deg, betyr ikke det at du bestemmer deg for å «konspirere» for din sannhet å konfrontere dem, men å gjøre dem irrelevante. Du bekjemper ikke mørket ved å kjempe mot det, men ved å tenne en lampe. Å våkne er ikke å reagere på en måte som er « »: det er å huske hvem du er utover rollen din.»*

Og la meg fortelle deg noe du kanskje allerede aner. Da Nikola Tesla sa at «for å forstå universet må vi tenke i termer av energi, frekvens og vibrasjon», sa han det ikke for å høres gåtefull ut. Han sa det fordi det er sant. Alt som eksisterer vibrerer. Alt som vibrerer sender ut en frekvens. Og all frekvens er et uttrykk for energi.

Den energien finnes i deg: i stemmen din, i tankene dine, i ordene dine, i feltet ditt. Og noen, på et eller annet tidspunkt, oppdaget at det var mulig å aktivere indre tilstander hos mennesker ved å bruke presise kombinasjoner av energi, frekvens og vibrasjon. Jeg sier ikke dette for å overraske deg, men for å vise deg noe essensielt:

Dette er ikke mystikk. Det er praktisk. Det er ikke science fiction. Det er virkelighet. De har kalt det «hemmelighet» fordi det er for kraftig, men i virkeligheten er det ikke en hemmelighet: det er det mest virkelige som finnes, og det er tilgjengelig for oss alle til enhver tid.

Du er av natur et ubegrenset vesen. Det har du alltid vært. Det eneste som endrer seg, er om du velger å bruke denne naturen eller ikke. Til syvende og sist er denne boken en påminnelse om denne sannheten. For sannheten er ikke noe man finner: den er en tilstand av Væren som man velger. En tilstand som vekkes når du husker den, integrerer den og legemliggjør den hver dag.

Det er ikke lett å tenke annerledes, og det er heller ikke lett å fortsette med middelmådige tanker og begrensende tro.

> «De fattigste menneskene på planeten er ikke de som ikke har penger på kontoen, men de middelmådige: fordi de halvveis tror at de kan klare det, og derfor ikke klarer det.»

Og nå vil jeg presentere deg for en mann som satte Teslas berømte sitat – som vi hører så ofte på sosiale medier – ut i praksis:

MANNEN SOM KURERTE 16 KREFTPAIENTER MED FREKVENS OG VIBRASJON

Hva er virkelighetens natur?

Svaret på dette spørsmålet blir ofte ignorert av de fleste, men ikke av mange forskere som forsto – og beviste – at alt består av energi. Og at vi, ved å manipulere disse subtile energikreftene, kan forvandle oss selv og også forvandle alt rundt oss.

Bak denne visjonen sto en mann som ønsket å bruke disse naturkreftene til å helbrede sykdommer og bringe menneskehetens helse og levetid til et helt nytt nivå. Denne mannen var **Royal**

Rife, en vitenskapsmann som ikke bare konstruerte det mest avanserte mikroskopet i sin tid – i stand til å observere levende virus og bakterier – men som også helbredet 16 kreftpasienter på bare et par måneder ved hjelp av **frekvens** og **vibrasjon**.

Oppdagelsen hans fikk så stor innvirkning at en gruppe på 44 forskere i 1931 samlet seg for å feire en revolusjonerende begivenhet de kalte «Sykdommens **ende**», overbevist om at Rifes funn kunne gjøre det mulig å behandle alle sykdommer ved hjelp av et apparat basert på enkle frekvenser.

Rife oppdaget at hvert virus og hver bakterie vibrerte på en bestemt frekvens som de var sårbare for. Han kalte dette «den dødelige svingningsfrekvensen», et begrep som fortsatt brukes. Først testet han det på rotter og klarte å eliminere spesifikke bakterier, virus og svulster ved hjelp av elektromagnetiske frekvenser. Deretter brukte han det på mennesker... og hadde igjen suksess.

Dette var hva Rife uttalte etter resultatene:

«Med behandling med frekvensinstrumenter blir ikke vev ødelagt, man føler ingen smerte, man hører ingen lyder og man merker ingen følelse. Et rør tennes, og tre minutter senere er behandlingen fullført. Viruset eller bakterien blir ødelagt, og kroppen kommer seg naturlig fra den toksiske effekten. Flere sykdommer kan behandles samtidig.»

Men hvis dette skjedde for nesten 100 år siden, hvorfor bruker vi fortsatt mer enn 185 milliarder dollar årlig på kreftbehandling? Hvorfor rammes 1 av 3 menn og 1 av 2 kvinner av kreft?

Hva om sykdom er big business... og helbredelse er revolusjon?

Alt var ikke bare en eventyrhistorie. I 1937, etter å ha grunnlagt selskapet sitt, ble Rife presset av **Morris Fishbein**, direktør for American Medical Association, som forsøkte å kjøpe eneretten til teknologien hans. Rife nektet. Men Fishbein, kjent for å bremse oppfinnelser som truet det farmasøytiske monopolet – støttet av familier som Rockefeller – ga seg ikke.

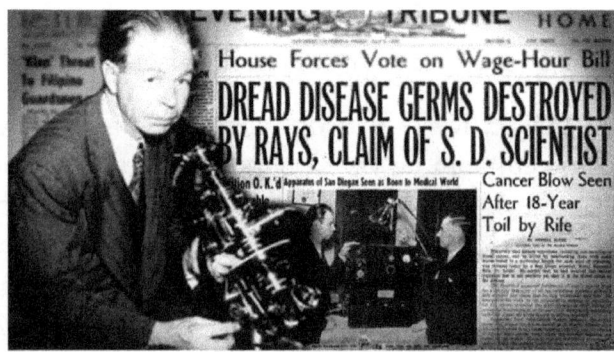

Det sies at han finansierte en ingeniør fra Rifes eget team for å reise søksmål mot ham. Selv om Rife vant rettssaken, førte saksomkostningene ham til konkurs. Laboratoriet hans ble ødelagt, politiet konfiskerte forskningen hans, og han endte opp som alkoholiker. Den banebrytende oppfinnelsen, som kunne ha endret medisinhistorien, ble nesten fullstendig utslettet.

I dag behandles kreft fortsatt med cellegift, en svært kostbar metode som i mange tilfeller skader kroppen mer enn den helbreder. Tusenvis dør ikke bare av sykdommen, men også av bivirkningene av behandlingen. Og likevel fortsetter vi å tro at formålet med denne industrien er å redde oss.

Utover maskinene er det noe viktig å forstå: **frekvensen som gjør deg syk kan komme fra omgivelsene, men vibrasjonen som helbreder kommer fra indre sammenheng**. Den finnes ikke i en pille eller en maskin. Den finnes i ditt daglige valg om å løfte tankene, følelsene og omgivelsene dine mot det positive. Å helbrede seg selv er ikke en kamp mot det ytre: det er en handling for å gjenopprette forbindelsen med det som allerede er, energi i harmoni med livet.

En svak menneskehet er ikke en tilfeldighet. Det er et design.

Som George Orwell sa:

«Massene gjør aldri opprør av egen vilje, og de gjør aldri opprør bare fordi de er undertrykt. Faktisk, så lenge de ikke får lov til å ha sammenligningsstandarder, vil de aldri innse at de er undertrykt.»

Og det er det virkelige problemet: ikke kontrollen... men å ikke vite at man blir kontrollert. Hvordan kommer vi ut av denne kollektive hypnosen? Ved å aktivere minnet.

Denne hukommelsen begynner med å erkjenne hvilke frekvenser vi konsumerer daglig, og til og med hvilke frekvenser vi sender ut. For hvis alt er vibrasjon, er alt som kommer inn i sinnet ditt også en del av kostholdet ditt, og det som kommer ut (det du ser og opplever) er nettopp effekten av dette kostholdet.

«På deres frukter skal dere kjenne dem.» *(Matteus 7:16)*

Vil du helbredes? Plasser deg i et miljø hvor helbredelse er uunngåelig. Vil du lykkes? Omgi deg med suksess. Vil du leve med glede? Gå til steder hvor glede ikke er unntaket, men normen.

Husk hva vi så i kapittel 1: hver følelse har en frekvens. Ifølge Hawkins' kart vibrerer frykt lavt (mindre enn 100), aksept begynner å helbrede (350) og kjærlighet begynner å forvandle (500+).

Du trenger ikke eksakt vitenskap: det er nok å observere hvordan kroppen din føles når du konsumerer noe. Det er bevis nok.

I over fem år har jeg ikke konsumert nyheter eller lyttet til musikk med lav vibrasjon. Hva er «lav vibrasjon»? Alt som forsterker skyld, frykt, hat eller offermentalitet. Siden jeg forlot disse miljøene, har jeg ikke hatt behov for sykehus eller medisiner.

Selv om bevisstheten øker, har vi selvfølgelig fortsatt kropper og læringsprosesser å gjennomgå. Jeg har hatt feber og ubehag, men nå forstår jeg at sykdommer ikke er fiender, men budbringere: de viser meg det jeg ikke hadde sett og som var viktig for å fortsette å utvikle meg.

Motgangene forsvinner ikke. Det som endrer seg, er hvorfra man går gjennom dem. Jeg leter ikke lenger etter løsningen i problemet. I dag har jeg et rent sinn, en ren kropp og derfor klare ideer for å skape en kontekst hvor helbredelsen skjer av seg selv, siden jeg ikke tenker på ideen om sykdom.

Jeg innlemmet høyfrekvente lyder i hverdagen min: Solfeggio-musikk, tibetanske klokker, medisinmusikk, opera, sakral musikk. Alt som harmoniserer omgivelsene dine, harmoniserer også ditt indre. Hvorfor? Fordi cellene dine vibrerer i takt med konteksten du gir dem.

Det er ikke slik at du blir helbredet bare ved å lytte til en sang. Du blir helbredet fordi du slutter å motstå livet, og den lyden blir en kanal for overgivelse. Det samme skjer når du tar i bruk instrumenter, skaper, skriver, lager mat, velsigner, danser, ler, beveger deg med intensjon, eller bare går ut og puster frisk luft med solstrålene på ansiktet. Alt dette hever frekvensen din, og jo høyere du vibrerer, jo nærmere Gud er du. Og da... oppstår det færre sykdommer. Eller ville Gud bli syk?

Mange mennesker kontakter meg fordi de ønsker å helbrede spesifikke sykdommer. Og jeg sier til dem: *Ikke helbred. Lev som Gud ville levd.* Og når du lever fullt ut, gjør kroppen resten.

> *«Å helbrede er ikke å reparere det som er ødelagt. Det er å erkjenne at det aldri var ødelagt. Det var bare en opplevelse tolket ut fra frykt.»*

Sykdom er ikke straff. Det er en mulighet. Kroppen kan ikke bli syk av seg selv. Sinnet kan ikke bli sykt av seg selv. Ånden kan aldri bli syk.

Så... hvem er egentlig syk? Bare den som glemmer at han allerede er frisk.

Biologisk sett søker kroppen alltid å oppnå balanse. Den såkalte «sykdommen» er bare en intern reguleringsprosess. Men hvis du motsetter deg å føle, må kroppen rope ut det sinnet ditt har tiet om. Kroppen roper ikke fordi den er skadet: den roper fordi du var døv for hjertet.

All fysisk smerte er en ulevd følelse. Å ikke føle gjør deg syk. Å føle frigjør deg. Helbredelsen begynner når du tar ansvar for det du unngikk å se. Og energien begynner å strømme når du bestemmer deg for å føle det du tidligere avviste.

Hvis du går gjennom en fysisk eller mental prosess, eller hvis noen nær deg opplever det, kan du praktisere dette mantraet:

> *«Jeg avbryter alle tankesystemer knyttet til konflikten med (navngi det fysiske symptomet). Jeg velger å oppleve denne følelsen uten motstand. Jeg velger å gi slipp på denne energien. Jeg velger å bekrefte kjærligheten gjennom dette. Jeg er et uendelig vesen. Og jeg er ikke underlagt dette.»*

Dette mantraet er ikke en besvergelse. Det er en tillatelse. En tillatelse til å føle. Og ved å føle, frigjøre seg.

Jeg har helbredet svært vanskelige fysiske prosesser i løpet av timer eller dager bare ved å huske dette: tiden helbreder ikke. Det som helbreder, er hvor ofte du velger å leve det du føler. Og det avhenger ikke av noen andre. Bare av deg.

I neste avsnitt skal jeg vise deg hvordan sinnet er det mektigste våpenet du har, og hvordan det har blitt brukt mot deg i flere tiår. Ikke for at du skal hate systemet, men for at du skal forstå spillet... og begynne å spille det med åpne øyne.

DET ER IKKE PILLEN SOM HELBREDER DEG, DET ER DIN OPPFATNING

Har du noen gang sagt noe som: «Jeg skal ta dette fordi det er bra for meg» eller «Når jeg gjør dette, føler jeg meg alltid bedre»? Det var ikke annet enn din egen kropp som reagerte på en suggestiv påvirkning: Du betinget deg selv til å reagere på en bestemt måte når du utførte en bestemt handling. Noe som ligner veldig på placeboeffekten: Dine ord og tanker former effekten en substans eller handling kan ha på deg.

Placeboeffekten er et av de fascinerende mysteriene som vi alle opplever og bruker uten å vite det. Og hvis du forsto at kraften du søker i en pille alltid har ligget i din oppfatning av den... hvordan ville det endre måten du helbreder på?

For å forklare det enkelt: Hvis du går til legen og får vite at et bestemt medikament virker mot det du har, tror du på det. Hvorfor tvile? Der står noen i hvit frakk, med stetoskop rundt halsen, på et sted hvor alle går for å få det samme som deg.

Hvis du tenker over det, dukker det allerede opp noen betingende faktorer:

- Hvis du er på sykehuset og går i hvitt, er du lege.
- Hvis du er lege, har du en tittel.
- Hvis du har en tittel, har du kunnskap.
- Hvis du har kunnskap, må det du foreskriver virke.

Men det som virkelig virker, er at du tror det vil virke.

Det merkelige er at leger ofte foreskriver det som er «på moten» for en bestemt sykdom, eller det som «fungerer for de fleste».

Det blir sjelden gjort grundige studier, og selv når de blir gjort, utelater de ofte et viktig punkt: den mentale faktoren.

Kanskje du tenker: «Så må jeg gå til en psykolog?» Ikke akkurat. De er også en del av ligningen , bare at de jobber med sinnet. De er fortsatt i en konsultasjon, de er fortsatt en autoritetsperson. Det som virkelig virker, er troen på at de kan hjelpe deg. I virkeligheten er det du som hjelper deg selv gjennom dem.

Dette fører til to konklusjoner:

1. Fra en tilstand med lav vibrasjon vil du bli påvirket av hva som helst uten å være klar over det, og alt du oppfatter som autoritet vil virke å ha makt over deg.

2. Fra en høyere bevissthetstilstand forstår du at det er du selv som hjelper deg, ved å bruke suggestionen om at den andre kan hjelpe deg.

Hvis du går litt lenger, oppdager du en tredje fase: du trenger ikke hjelp utenfra, men forståelse, aksept og indre fred. Og det kan bare du gi deg selv, alltid, akkurat nå.

Placeboeffekten reiser noen svært interessante spørsmål. For eksempel: Hva ville skje hvis pillen du får ikke hadde noen kjemiske egenskaper, men bare var sukker? Likevel viser mange studier at den kan gi samme effekt som et ekte medikament. Hvorfor? Fordi sinnet ditt fikk beskjed om å tro at det ville bli friskt, og det gjorde det. Konteksten (hvem ga den til deg, hvor, hvordan) veide tyngre enn innholdet (hva den faktisk inneholdt).

> *«Den kraftigste medisinen er ikke stoffet, det er oppfatningen du har av det.»*

Og selv om det kan virke som bedrag, er det ikke det. I en studie ble pasientene fortalt at de skulle ta sukkerpiller, men at de ville ha samme effekt som ekte medisiner. Resultatene var positive: pasientene ble bedre selv om de visste at det var placebo.

Et kjent eksempel er Mr. Wright, som fikk kreftdiagnosen i 1957 og ble erklært uhelbredelig. Han hørte om et serum kalt krebiozen og ba om å få det administrert. Noen dager senere hadde svulstene blitt betydelig mindre. Da han imidlertid leste at serumet ikke hadde noen vitenskapelig gyldighet, fikk han umiddelbart tilbakefall. Legen hans ga ham da vann og forsikret ham om at det var en «mer effektiv» versjon, og Wright ble bedre igjen. Da han endelig fikk vite at medisinen var nytteløs, døde han få dager senere.

Wright døde fordi han trodde at det ikke lenger var håp. Han ble frisk fordi han trodde at det var håp.

Denne historien forklarer det jeg nevnte tidligere. Sinnet har en enorm kraft, både til å helbrede og til å gjøre syk. Den gode nyheten er at når du tar ansvar, hever bevissthetsnivået ditt og begynner å leve ut fra sannheten, kan du velge å alltid vibrere høyt.

Jeg gir deg oppskriften på å aldri bli syk!

De fleste mennesker forstår ikke dette. De tror at det viktige er hva de tar eller hva de gjør, når det i virkeligheten er mye viktigere hva de tenker om det de tar eller gjør. Det er Væren

– som vi snakket om i begynnelsen av boken – som bestemmer resultatene for en person.

Du kan VÆRE, GJØRE eller HA alt du ønsker i livet. Bokstavelig talt: du kan VÆRE helbredelse, du kan GJØRE helbredelse og du kan HA helse hver dag i livet ditt.

Du kan selv fordype deg i din egen placeboeffekt med hva du enn ønsker å gjøre. Faktisk gjør du det allerede. Jeg husker min far, som alltid sa at natriumbikarbonat var mirakuløst for ham. Han brukte det til utallige ting, blant annet for å helbrede eller rense kroppen sin. Er natriumbikarbonat virkelig et mirakelmiddel? Nei, men for den som tror det, er det det!

I likhet med ham bruker mange mennesker grønne juicer, faste, høyfrekvent musikk, åndelige retreater, havet, fjellet... Uansett hva du velger, sørg for at det er noe som i seg selv er høyt (som har høy kalibrering i henhold til bevissthetskartet). Alt som bringer deg nærmere den du er og din skaperkraft, vibrerer høyt. Alt som fjerner deg fra deg selv – og dermed fra Gud – vibrerer lavt.

> «Lytt til kroppen din, ta vare på sjelen din og la intuisjonen din være din nye personlige lege.»

Nå vel, å oppsøke en psykolog eller lege som ikke lever etter høye standarder, som bare «gjør jobben sin» uten å gå i dybden, vil ikke være til stor nytte for deg. Kunnskapen de tilegner seg er verdifull for å forstå den praktiske delen av prosessen. Men det som understøtter det praktiske er ikke det praktiske: det er det åndelige. Og det er der du må begynne å investere så snart som mulig.

Mange leger, terapeuter, psykologer og psykiatere er ikke direkte skyldige i systemet... men de har blitt dets mest lydige soldater. De ble trent i årevis til å gjenta protokoller, huske symptomer og forskrive stoffer uten å stille spørsmål ved årsaken. Det som ser ut som «utdanning», er i virkeligheten en dyp programmering som begynner på universitetet og forsterkes med hvert konferanse finansiert av laboratorier. De ble lært å behandle deler, ikke å se mennesket som en helhet. De ble vist hvordan de kunne dempe symptomer, ikke hvordan de kunne lytte til sjelen.

Og likevel tror de fleste fortsatt at deres formål er å helbrede. Men å helbrede er ikke deres prioritet: å stabilisere det dysfunksjonelle er det. Moderne medisin søker ikke å helbrede, den søker å kontrollere. Og dens viktigste verktøy – medisinene – hever ikke frekvensen din eller forbinder deg med Gud. De bedøver bare oppfatningen din, slik at du ikke føler det du trenger å se. Derav deres «effektivitet»: de slår av kroppen, men forandrer ikke årsaken.

Du trenger ikke flere piller, flere diagnoser eller flere redningsmenn i hvite frakker. Du trenger å ta tilbake kontrollen over energien din, kroppen din, bevisstheten din. For den kraftigste medisinen finnes ikke i en flaske: den finnes i din tilstedeværelse, i din sammenheng, i din Sannhet. Og når du erkjenner det, vil du slutte å gi makten din til dem som bare kan gi deg det du selv har tillatt.

Det er ikke slik at de helbreder deg. Det er du som lar deg helbrede av det du tror de er.

Og der ligger den største villedningen: ved å tro på deres autoritet, gir du fra deg suvereniteten din. Men når du husker at Kilden bor i deg, trenger du ikke lenger mellomledd. Du trenger bare å vende tilbake til Gud. Til den eneste Sannheten. Til det evige som helbreder alt.

> «Hvem ville tjene på at du ble helbredet fra grunnen av? Ingen. Men hvis du forblir kronisk syk, bedøvet, diagnostisert og medisinert... så blir du en evig kunde.»

FORRETNINGEN MED Å HOLDE DEG SYK

Når noen føler seg dårlig, er det første de gjør å gå til legen. Legen skriver ut medisiner. Medisinen demper symptomet. Og når symptomet dempes, slutter kroppen å kommunisere. Det som før var et varselsignal, blir nå ignorert. Og det som ikke blir tatt hånd om... blir verre.

Det nesten ingen stiller spørsmål ved, er at de fleste helsearbeidere lærer å gjenta informasjon, ikke å skape forandring. De studerer i årevis det andre har definert som sannhet. De avlegger eksamener, lærer manualer utenat og bruker deretter formler. Men hvis de avviker fra protokollen, blir de straffet. **Systemet belønner ikke den som helbreder: det belønner den som adlyder.**

Dette betyr ikke at alle leger er en del av problemet. Mange ble utdannet i et system som aldri viste dem at helse også avhenger av omgivelsene, sinnet, følelsene og den indre tilstanden. Og det er det virkelige blinde punktet: det handler ikke bare om hva som skjer i kroppen, men om konteksten det skjer i.

En kropp blir syk når omgivelsene blir sure, betente og rustne. Dette er ikke tilfeldige begreper: surhet og rust er indre tilstander som svekker cellene og forstyrrer kommunikasjonen i immunforsvaret. Og dette indre miljøet påvirkes direkte av hva du spiser, puster, tenker og føler. Her er noen eksempler som kan tjene som veiledning

Matvarer som gjør kroppen sur:

- Raffinert sukker (og sirup som høyt fruktoseinnholdig mais)
- Hvitt mel (hvitt brød, industriell pasta, bakverk)
- Alkohol
- Brus og energidrikker (svært sure og fulle av tilsetningsstoffer)
- Fritert mat (gjenbrukt olje, transfett)
- Pølser (pølser, industrielt produsert skinke, mortadella)
- Bearbeidet kjøtt (hamburgere fra supermarkedet, nuggets)
- Industrielle meieriprodukter (pasteurisert melk, modnet ost, sukkerholdig yoghurt)
- Overdreven koffein (konvensjonell kaffe, energidrikker)
- Ultraprosesserte produkter (kjeks, snacks, instant-supper)
- Kunstige søtstoffer (aspartam, sukralose)
- Raffinerte oljer (solsikke, raps, mais)

Merk: Det er ikke slik at alle disse produktene er «giftige», men hvis målet ditt er en alkalisk og vital kropp, bør du unngå eller begrense inntaket av dem.

Alkaliske matvarer:

- Fersk frukt (spesielt vannmelon, mango, ananas, papaya, melon, sitron, lime)

- Grønne grønnsaker (spinat, grønnkål, selleri, agurk, brokkoli, rucola)

- Naturlige grønne juicer (uten pasteurisering eller tilsatt sukker)

- Vann med sitron (selv om det er surt utenfor kroppen, har det en alkaliserende effekt)

- Aktiverte frø (chia, solsikke, gresskar, lin, sesam)

- Spirer (alfalfa, brokkoli, linser)

- Alger (spirulina, chlorella, kelp, nori)

- Avokado

- Fersk ingefær og gurkemeie

- Alkaliske urteteer (løvetann, brennesle, mynte)

- Naturlig kokosnøttvann

- Ekstra jomfruolivenolje (rå)

Vibrasjonstips: Jo mer levende maten er (fersk, rå, spiret), jo mer energi gir den og jo mer alkalisk blir den.

Et surt system er grobunn for kronisk betennelse, tretthet, virus og alle slags plager. Når du lever med betennelse, blir alt forvrengt: energien din synker, den mentale klarheten avtar og vibrasjonsfeltet ditt faller under 200 på bevissthetskartet. Dette området er preget av frykt, skyld, tristhet og apati. Akkurat det systemet forsterker hver dag. Akkurat det som holder deg bedøvet.

Som Bruce Lipton forklarte i sin bok *La biología de la creencia* (Troens biologi), er det ikke genet som definerer helsen din, men det cellulære miljøet. Og det miljøet består av tankene dine, kostholdet ditt, det emosjonelle miljøet ditt og stressnivået ditt. Hvis du lever på autopilot, konsumerer lavfrekvente stimuli og spiser søppelmat, hvordan kan du da forvente at kroppen din skal fungere godt?

Og dette kan ikke løses med en aspirin. Det nesten ingen vet, er at mange av disse «vanlige» pillene ikke kurerer noe. De blokkerer bare kroppens signaler. Aspirin, for eksempel, hemmer et enzym for å redusere smerte, men behandler ikke årsaken. Det sier til kroppen: «Ikke snakk». Og kroppen adlyder. Men det som blir tiet... blir lagret. Og det som blir lagret og ikke blir tatt hånd om, begynner på lang sikt å tynge...

Smerte, tretthet, betennelse... er ikke feil. Det er informasjon som må tas på alvor.

Løsningen er ikke å dempe symptomet, men å rydde opp i grunnlaget. Og det begynner med å innse at ingen har lært oss å leve. At mange tror de er friske fordi de ikke har feber, men lever med betennelser på innsiden. At hvis du ønsker et høyt liv, trenger du et alkalisk indre system, ikke et som er forsuret av junkfood, kronisk stress og negative tanker.

Kort sagt: det handler ikke om å «kjempe» mot sykdommen, men om å slutte å dyrke den. Og for det må vi ta ansvar for det indre miljøet vi skaper hver dag. For det kroppen uttrykker, er bare et speilbilde av det bevisstheten tillot.

Det er ikke pillen. Det er miljøet. Og det viktigste miljøet ... er det du velger å være.

> *«Giftig mat skaper betente kropper; betente kropper genererer tunge følelser; tunge følelser fører til legen; legen skriver ut mediciner som undertrykker symptomene uten å helbrede; og slik oppstår avhengighet.»*

Derfor, når vi velger Sannheten, frigjør Sannheten oss. Det gjør vondt, ja, det er sant. Men hvis du er som meg, vet jeg at du foretrekker å leve et liv som gjør litt vondt, men som er ekte, fremfor et liv som virker lykkelig, men som er helt falskt.

Jeg skrev denne boken for å hjelpe menneskeheten med å våkne opp fra den dvalen den har vært i. En dvalen forårsaket av distraksjon, frykt og splittelse. En kollektiv nummenhet som har fått oss til å oppføre oss som om vi ikke vet hva som er riktig, som om vi ignorerer hva som er Sannheten.

Men Sannheten er ikke noe man søker utenfor seg selv. Det er noe hver og en bærer i seg, selv om man ofte velger å ikke se den... fordi det gjør vondt å se den. Fordi å se den krever at man gir avkall på løgnen, rollen, tilknytningene som gir oss trygghet, men ikke tilfredsstillelse.

Derfor kommer det et punkt hvor man ikke lenger kan unngå det uunngåelige. Hvor man må ta en reell, ærlig og endelig beslutning.

En beslutning som skiller dem som fortsatt sover... fra dem som våger å leve våkne.

Og den beslutningen begynner med dette spørsmålet:

Vil du fortsette å leve bedøvet og blind, eller velge, en gang for alle, et liv i sannhet og frihet?

Med alt vi har gått gjennom så langt, er det naturlig at det oppstår tvil. Kanskje du føler lyst til å gjøre drastiske endringer: slutte med medisiner, endre hele kostholdet ditt, slutte å gå til legekonsultasjoner, trekke deg helt ut av systemet. Og selv om disse beslutningene kan resonnere med sannheten som våkner i deg, er det ikke alle som tas på en gang. Og ikke alle bør tas ut fra følelser.

Dette er ikke en oppfordring til reaksjon, men til bevissthet. Det viktige er ikke å gjøre for å gjøre, men å føle klart når en beslutning kommer fra sjelen... og når det bare er en kamuflert flukt fra «oppvåkningen».

Denne boken presser deg ikke, den følger deg. Den tilbyr deg en prosess. En vei til avprogrammering hvor hvert lag løsner i sin tid. Det finnes ingen snarveier som unngår å se innover. Det finnes ingen formler som erstatter din dømmekraft.

Derfor handler det ikke – som jeg har gjentatt mange ganger – om å klandre eller peke ut. Det handler om å lytte. Om å la sannheten ( ) gjøre sitt arbeid i deg. Om å overgi seg til den lille stemmen som, hvis du tør å stole på den, vil vise deg klart hva neste skritt er. Selv om det er ubehagelig. Selv om du ikke forstår det ennå.

Men du vil vite det. Fordi det vil føles sant.

SYKDOM ER EN ILLUSJON

På grunn av den dualiteten vi lever i, og fordi vi tror det er mulig å bli syke, må vi forstå at sykdom ikke er reell i seg selv. Psykologisk sett oppstår den gjennom det som kalles nocebo-effekten. Denne effekten, som er motsatt av placebo-effekten, beskriver vår evne til å tro at noe vil skade oss, og gjøre denne troen til en selvoppfyllende profeti.

I 1960 ble dette bevist i en studie med astmapasienter: 40 personer fikk inhalatorer som bare inneholdt vanndamp, men de ble fortalt at de inneholdt irriterende stoffer. Resultatet: 9 av dem (48 %) fikk astmasymptomer, som sammentrekning av luftveiene, og 12 (30 %) fikk fullstendige astmaanfall. Senere fikk de identiske inhalatorer, men ble forsikret om at de inneholdt medisin, og luftveiene åpnet seg hos alle. I begge situasjoner reagerte pasientene på suggestionen som ble plantet i deres sinn, og oppnådde nøyaktig den forventede effekten.

Hvem var den virkelige legen i dette eksperimentet? Sinnet. Og hva var resepten? En tro.

Dette får oss til å spørre oss selv: hvor påvirkelig er du? I hvilken grad kan du endre din tilstand? Hvilke profetier skaper du i sinnet ditt som kan gå i oppfyllelse uten at du merker det?

Det er lett å forstå at en vaksine vil gjøre deg godt hvis du tror det, og at den ikke vil gjøre det hvis du tror det motsatte. Slike budskap er ofte ubehagelige fordi de virker som en oppfordring til «uansvarlighet». Men er det ikke mer uansvarlig å leve uten å stille spørsmål, og unngå å forstå dualiteten vi eksisterer i? Er det ikke mer uansvarlig å glemme at vi er åndelige vesener og ikke bare fysiske kropper? Å fortsette å spille dette spillet som ofre for virkningene og ikke ansvarlige for årsakene er, fra dette synspunktet, den største uansvarligheten.

Jeg skal si det klart og tydelig: hvis det første du gjør når du føler deg uvel, er å ta medisiner fordi «det gjør deg godt», vil det gjøre deg godt, men husk: det er fordi du tror det. Du trenger det ikke. Jeg er lei meg for legen din, studiene dine og alle troene som fikk deg til å tro at det var medisinen som reddet deg. Det er det ikke, og det vil det aldri være. Medisinen kan hjelpe til en viss grad, men det indre arbeidet er uunnværlig.

Det finnes hundrevis av tilfeller av svulster som har forsvunnet på et øyeblikk. Bein som har rettet seg på sekunder. Kroniske plager som har forsvunnet på minutter. Helbredelse, i likhet med sykdom, avhenger ikke av tid: den avhenger av bevissthet.

Undertrykte følelser gjør deg syk, og det samme gjør troen på at du kan bli syk.

Det er enkelt: hvis du forstår det jeg deler her, kan du innføre troen på at du ikke trenger medisiner, at den enkle handlingen å puste bevisst helbreder deg, eller at å føle en følelse kan frembringe en så dyp kjærlighetsprosess at den frigjør deg fra lidelsen.

> «Det handler ikke om å benekte det som gjør vondt, men om å ikke gi kontrollen til det som aldri var årsaken.»

Til syvende og sist er det ikke det du gjør som er viktig, men at du er bevisst på at det ytre er ytre: det er ikke deg, selv om det påvirker deg direkte, fordi det er du som bestemmer hvilken effekt det vil ha. Uansett om du er bevisst på det eller ikke, så er det slik det fungerer.

På globalt nivå, hvis vi alle tror at det finnes et svært smittsomt virus, gjør vi ikke annet enn å forsterke vår egen profeti. Vi kan ikke endre den globale virkeligheten, men vi kan forandre vår personlige virkelighet. Og derfra kan vi bidra til kollektiv endring.

> *«Massen skaper normen, men individet skaper forandringen.»*

Uansett hvilken side vi velger, vil vi normalisere noe. Det er opp til oss om vi normaliserer lidelse og sykdom, eller fred og helbredelse. Det er opp til ingen andre. Dette innebærer å ta 100 % ansvar for vårt liv. Å erkjenne i hvert øyeblikk at dine ord skaper virkeligheten, at dine tanker former din verden og at dine følelser styrer ditt liv.

Hver følelse du holder tilbake er en ubevisst bønn. Du lever det du er i harmoni med og opplever det du aksepterer som en del av deg selv. Spørsmålet er: hva vil du akseptere som sant? At du kan helbredes med tankene dine, eller at du trenger medisiner? At du ikke kan endre virkeligheten din, eller at tankene dine skaper den og at du derfor kan forandre den? At følelsene dine er til for å bli følt, eller at det er riktig å undertrykke dem og straffe kroppen og sinnet ditt?

> *«Det du aksepterer som sant, blir lov i ditt univers.»*

Livet er enkelt, men for å føle denne enkelheten må du leve, og å leve innebærer å velge noe større som veiledning. Djevelen ligger alltid i detaljene: tvil, spørsmål, fordømmelse, frykt. Gud ligger i det absolutte, i det store, i det generelle, og minner deg om din indre sikkerhet, din fred, din kjærlighet og din uskyld. Gud garanterer deg toppen av fjellet, selv om han ikke kan forsikre deg om at det ikke vil være stormer eller motgang under oppstigningen. Djevelen vil hviske til deg at du kanskje bør gå ned igjen fordi det er risikabelt, eller at det kanskje ikke er toppen du egentlig skal nå.

Gud og djevelen vil alltid være med i dette doble spillet, akkurat som du alltid vil ha friheten til å tenke selv og velge hvem du vil lytte til, og dermed hvilken vei du vil gå.

Nå som du forstår essensen av dette spillet og bevisstheten din er hevet til fullt ansvar for livet ditt; nå som vi tar vare på både din indre og ytre helse, og du forstår hvordan dette verdenssystemet er bygget opp, er det på tide å legemliggjøre dette budskapet. La ditt Vesen bli ett med det Guddommelige og ta i bruk den medfødte kraften som Gud har gitt oss.

LÅSE OPP DIN MEDFØDTE HELBREDENDE EVNE

Denne teknikken utnytter 100 % av kraften i sinnet ditt. Jeg følte det var uunnværlig å inkludere en praksis som samler det jeg har lært gjennom år med forskning og erfaring innen helbredende energi, i tillegg til kunnskap som CIA selv har anerkjent i deklassifiserte dokumenter. Denne teknikken er unik; du finner den ikke andre steder. Og hvis den er nyttig for deg, har du min tillatelse til å dele den med hele verden.

Denne praktiske metoden du vil lære, frigjør din evne til å helbrede deg selv fra enhver sykdom, forynge deg, gjenvinne vitaliteten din og frigjøre deg fra lidelse på et øyeblikk. I løpet av omtrent 20 minutter vil du kunne finne tilbake til deg selv, huske hvem du er og heve din vibrasjonsfrekvens til tilstander som ubetinget kjærlighet (530) og fred (600).

Teknikk: Innate Healing Energy Expansion (EESI)

Jeg ber deg om å utføre denne teknikken mens du leser. Informasjonen integreres virkelig når den brukes umiddelbart, ikke i morgen eller «når du har tid». Gjør det nå, så kan du perfeksjonere det senere. Det er delt inn i tre faser med klare trinn som du følger mens du leser videre.

Fase 1: Forberedelse – Slapp av kroppen

Hvis du sitter eller ligger, juster stillingen din slik at du føler deg komfortabel. Slipp spenningen i skuldrene, kjeven og pannen.

1. **Startbekreftelse.** Gjenta i tankene: «Jeg er mer enn min fysiske kropp. Nå slipper jeg all spenning og aktiverer min naturlige helbredende evne.»
2. **Pust dypt.** Pust inn dypt og langt, og forestill deg at du absorberer sterkt grønt lys fra universet inn i hodet ditt. Hold pusten i noen sekunder og pust sakte ut, og slipp all fastlåst energi ned mot gulvet. Gjør dette tre ganger, og hold fast ved denne visualiseringen.

Fase 2: Aktivering – Skap din helbredende energikule (HEK)

Forestill deg at en sfære av strålende grønt lys omgir deg fullstendig. For hvert åndedrag utvides sfæren og blir sterkere.

Gjenta mentalt: «Jeg er omgitt av helbredende energi som balanserer og gjenoppretter hver eneste celle i kroppen min.»

1. **Identifiser områdene som trenger oppmerksomhet.** Spør kroppen din: «Hvor trenger du min oppmerksomhet nå?» La følelsen komme frem: det kan være smerte, tyngde eller bare en tanke som peker mot et område.

2. **Helbredende energibar (HEB).** Se for deg at du holder en lilla lysbar i hendene. Rett den mot området du har identifisert. Gjenta: «Jeg renser, balanserer og gjenoppretter denne delen av kroppen min med helbredende energi.»

Fase 3: Manifestasjon – Projiser helbredelsen

Se for deg at hver celle arbeider i harmoni og stråler av lys. Hvis du ikke klarer å forestille deg det, gjenta: «Cellene mine vet hvordan de skal helbrede. Jeg er hel, balansert og sunn.»

1. **Koble deg til din indre sannhet.** Tillat deg selv å føle vissheten om at du allerede er i ferd med å helbredes. Legg merke til eventuelle endringer: lindring, ro eller varme i visse områder.

2. **Forankring.** Når du er ferdig, legg hendene på hjertet, pust dypt og si: «Takk, min kropp, for at du vet hvordan du skal helbrede. Takk for dette øyeblikket av utvidelse og fornyelse.»

Hvis du forstår at du har kraften til å forvandle virkeligheten din fra innsiden, har du allerede forstått det essensielle i denne boken. Det du gjør fra nå av, er å utvide lyset ditt for å dele det med verden.

Men for å gå mot sannheten, må vi vite hvor vi kommer fra. Den kontrollen vi lever under i dag, begynte ikke med teknologien. Den begynte mye tidligere, gjemte seg i fortellingene, ble kodifisert i historien, ble innprentet i DNA-et.

Det som kommer nå, er ikke ment å skremme deg, men å frigjøre deg. For den eneste måten å komme ut av et fengsel på, er å erkjenne at du er i det. Og den eneste måten å våkne på... er å huske.

La oss tenne lampen. Ikke for å se fortiden med frykt, men for å se nåtiden med nye øyne.

DEL 2: TENNE LAMPEN I DET SKJULTE

Hva ville skje hvis vi ikke ble skapt av tilfeldigheter eller av en ensom gud, men av intelligenser som kom ned fra stjernene for å så sin kode i oss?

I en verden hvor milliarder av mennesker fortsatt tror at vi ble skapt i ett øyeblikk av en eneste skaper, skaper det automatisk kontrovers å stille spørsmål ved disse troene. Det samme skjer når man stiller spørsmål ved den vitenskapelige versjonen som hevder at vi bare er et resultat av evolusjonen. Men uansett hvem som har rett, ser begge synspunktene bare halvparten av historien.

I dag begynner selv anerkjente forskere og vitenskapsmenn å innrømme det som før var utenkelig: at menneskearten kan ha blitt designet, akselerert eller t påvirket av ikke-menneskelige vesener. Og vi snakker ikke om tro eller overbevisninger, men om fakta, funn og mønstre som ikke passer inn i den offisielle fortellingen.

Nedenfor ser vi på noen av de mest omdiskuterte, men også mest avslørende bevisene. Kanskje har du aldri stilt deg disse spørsmålene, men ved slutten av dette kapittelet vil det være umulig å ignorere dem. For når du oppdager hvem som skapte deg, vil du også huske hvem du er.

UBESTRIDELIG BEVIS PÅ HVEM VI ER

Bevis 1: Hjernens Big Bang

I 2004 publiserte forskere ved Universitetet i Chicago en konklusiv studie: utviklingen av det menneskelige hjernen kan ikke ha skjedd gradvis. Noe endret seg brått for rundt 50 000 år siden, noe som gjorde at vi kunne gå fra å tegne i huler til å skape hele sivilisasjoner.

Et av nøkkelelementene var mutasjonen av **FOXP2-genet**, som er ansvarlig for språk og abstrakt tenkning. Selv om det finnes hos andre dyr, ble det spesifikt endret hos mennesker, noe som utløste våre kognitive evner.

Og som om ikke det var nok, sammenfaller denne genetiske endringen nøyaktig med neandertalernes mystiske forsvinning... og med fremkomsten av hulemalerier som forestiller ikke-menneskelige vesener med fremmede former og proporsjoner. Tilfeldighet... eller kontakt?

Bevis 2: DNA med ingeniørsignatur

I 2013 fremmet fysikere ved Nasjonalt universitet i Kasakhstan en revolusjonerende hypotese: Menneskelig DNA inneholder en matematisk kode som er så sofistikert at den ser ut til å være designet med millimeterpresisjon. Dens presisjon, symbolske struktur og evne til å «arkivere» informasjon ligner mer på intelligent programvare enn på et produkt av tilfeldigheter.

Videre antydet disse forskerne at visse deler av vårt DNA fungerer som mottakere av en ekstern intelligens. Som om kroppen var en antenne som kunne stille inn på den som skapte den. Høres det kjent ut? Kroppen som åndens tempel, som en direkte kanal til det guddommelige.

Her kommer et like urovekkende som avslørende konsept inn: «biologisk SETI». SETI, programmet for leting etter utenomjordisk intelligens, har brukt flere tiår på å lytte etter radiosignaler i verdensrommet. Men... hva om det virkelige signalet ikke kommer fra himmelen, men fra oss selv?

Biologisk SETI hevder nettopp det: at en avansert sivilisasjon ikke ville sende meldinger via radiobølger, men heller etterlate sin genetiske signatur i DNA-et til andre arter, i påvente av at de skulle utvikle seg nok til å kunne lese meldingen, for å huske hvem de er.

Det er det som skjer nå: den åndelige oppvåkningen som så mange føler, er ikke tilfeldig. Det er en cellulær aktivering. Et tilbakesignal kodet i vår opprinnelse.

Kroppen som antenne. DNA som melding. Sjelen som mottaker. Det er ikke science fiction. Det er det mange forskere allerede våger å si... selv om de prøver å bringe dem til taushet.

Bevis 3: Den mitokondrielle Eva

Fremskritt innen genetikk har avdekket noe fascinerende: alle levende mennesker deler en felles kvinnelig -forfader. Det er ikke en myte, det er biologi: den **mitokondrielle Eva**.

Denne kvinnen levde for rundt 200 000 år siden, og hennes mitokondrielle DNA er fortsatt til stede i hver og en av oss.

Men hennes opptreden sammenfaller med en katastrofal hendelse som nesten utryddet menneskeheten. Bare hennes slekt overlevde.

Var det tilfeldig... eller en ny start? Hvorfor dukket det plutselig opp så mange forskjellige menneskelige raser på så kort tid? Og hvorfor kan vi fremdeles ikke helt forklare det evolusjonære «spranget» som brakte oss hit?

Bevis 4: RH-negativ-anomalien

Visste du at hvis en kvinne med RH-negativt blod blir gravid med et RH-positivt foster, kan kroppen hennes angripe det som om det var en inntrenger? Dette er uten sidestykke i naturen.

Omtrent 15 % av verdens befolkning har RH-negativt blod, men det er spesielt konsentrert i bestemte regioner som Baskerland, hvis språk og genetikk fremdeles er et mysterium.

I tillegg til denne sjeldenheten finnes det andre særegenheter: større intuisjon, psykisk følsomhet, lavere kroppstemperatur, ekstra ryggvirvler... og til og med en høy andel av personer med denne blodtypen rapporterer om paranormale opplevelser eller observasjoner av uidentifiserte flygende objekter.

Har vi å gjøre med en hybrid slekt? En bevisst genetisk modifisering? Og hvorfor er denne blodvarianten også karakteristisk for store deler av den europeiske kongefamilien?

Bibelen nevner det på en subtil måte:

«Det var kjemper på jorden i de dager, og også etter at Guds sønner kom til menneskenes døtre og avlet barn med dem. Disse var de tapre menn som fra oldtiden var berømte.» *(1. Mosebok 6:4)*

Bevis 5: Det manglende leddet

Evolusjonsteorien hevder at vi utviklet oss gradvis fra apene. Fossile funn støtter imidlertid ikke denne teorien. Det gikk millioner av år uten vesentlige endringer, og plutselig, for rundt 200 000 år siden, dukket *Homo sapiens* opp fullt utviklet, med en intelligens som ikke kan forklares bare ved naturlig seleksjon.

Hoppet var så brått at det berømte «manglende leddet» aldri ble funnet. Kanskje fordi det ikke gikk tapt. Kanskje eksisterte det aldri. Det som finnes, er tegn på inngripen, på en kunstig akselerasjon. Hvis det var mulig... hvem gjorde det, og med hvilket formål?

Bevis 6: Dobbelthelixen før oppdagelsen

DNA-strukturen ble oppdaget i 1960. Men tusenvis av år tidligere hadde gamle kulturer allerede hugget symbolet på dobbelthelixen inn i steiner, templer og ruiner. Hvordan visste de det?

Kaduceus – to sammenflettede slanger med vinger – dukker opp i mytologier over hele verden: Sumeria, Egypt, Hellas, Roma. Den representerte gudene som kom ned fra himmelen, mestere i alkymi, helbredelse og handel. Er det en tilfeldighet at dette var de samme funksjonene som ble tilskrevet *Anunnaki* i de sumeriske tavlene?

Dobbelthelixen representerer ikke bare vårt DNA. Den symboliserer også kilden den kommer fra, og ifølge de gamle kom denne kilden fra himmelen.

Kaduceus og DNA

Hva om all denne informasjonen ikke bare var her for å fascinere oss, men for å aktivere oss? For hvis noen sådde intelligent liv på denne planeten, og hvis vi er en del av den såingen... så er vi ikke bare utviklede dyr. Vi er inkarnert bevissthet med et kosmisk formål.

Det handler ikke om romvesener. Det handler om å huske den glemte pakten med vår opprinnelse. Og enhver pakt som huskes... krever handling.

Kanskje vi mennesker ikke bare er «mennesker», men mye mer... eller mye mindre. Kanskje vår eksistens er så liten og ubetydelig at ingenting gir mening til slutt, eller at absolutt alt gir mening.

Dette temaet tar vi opp mot slutten av boken. Foreløpig er det på tide å presentere våre forfedre.

HELE MENNESKEHETENS FORFEDRE

Når man begynner å undersøke virkelig, finner man ikke motsetninger, men taushet. Ubehagelig, selektiv og, fremfor alt, bevisst taushet. Det er som om noen ikke vil at vi skal sette brikkene sammen. Men brikkene er der: i gamle bøker, i umulige spor, i monumenter som trosser logikken, i bevis som er undertrykt av institusjoner som hevder å vokte «sannheten».

Den bibelske fortellingen i Første Mosebok gjør det klart: «Det var kjemper på jorden i de dager, og også senere, da Guds sønner forente seg med menneskenes døtre.» Denne påstanden, som mange anser som symbolsk, får en annen dimensjon når vi oppdager at det finnes spor, skjeletter og strukturer rundt om i verden som beviser at det faktisk f, var vesener av ekstraordinære dimensjoner som vandret på denne planeten.

Fotavtrykk og bein som ikke passer inn i den offisielle historien

Det er funnet fossile fotavtrykk av menneskeføtter som er opptil 1,30 meter lange, med proporsjoner som er identiske med våre: fem tær, hæl, fotbue. De er funnet i Afrika, Amerika og Asia. Hvordan kan dette forklares hvis det ikke fantes kjemper?

I tillegg kommer en historisk rettssak: I 2015 ble Smithsonian Institute tvunget av USAs høyesterett til å innrømme at de ødela tusenvis av gigantiske skjeletter gjennom det 20. århundre. Et vitne fremla et lårben på over en meter, sammen med et brev signert av en tidligere ansatt ved instituttet som bekreftet eksistensen av lagerrom fulle av gigantiske beinrester på 1920-tallet. Institusjonen innrømmet fakta, men rettferdiggjorde det med at de var «inkonsekvente med akseptert vitenskapelig kunnskap».

Det de ikke sa, var at uansett hvor mange bein de skjuler, er det spor de ikke kan begrave.

Hender som forteller en annen historie

Ved utgravninger nær det gamle palasset i Avaris i Egypt ble det funnet 16 amputerte høyre hender, alle av stor størrelse: mellom 25 og 31 centimeter lange. Ifølge arkeologene kan de ha tilhørt mennesker som var mellom 2,70 og 2,90 meter høye. Krigere? Vesen av en annen art? Funnet ser ut til å bekrefte gamle egyptiske fortellinger om soldater som kuttet av hendene til gigantiske fiender for å beholde deres makt.

Megakonstruksjoner

Et annet tegn på at det på jorden har eksistert vesener med langt høyere intelligens enn i dag – eller rett og slett kjemper – er konstruksjonene som fremdeles utfordrer enhver logisk forklaring. Og jeg snakker ikke bare om pyramidene i Egypt: hele planeten er full av umulige strukturer.

Pyramidene i Egypt ble bygget med mer enn 2,3 millioner granittblokker, hver med en gjennomsnittsvekt på 2,5 tonn, og noen veier opptil 60 tonn.

Men det er ikke alt: de geografiske koordinatene til den store pyramiden i Giza er **29,9792458°**, nøyaktig , de samme tallene som lysets hastighet (**299 792 458 m/s**). Bare en tilfeldighet?

I tillegg er de tre pyramidene i Giza på linje med de tre stjernene i Orions belte (Alnitak, Alnilam og Mintaka). Den samme linjen gjentas i Teotihuacán (Mexico) og Xi'an (Kina), med avvik på mindre enn 0,05°. Hvor mange sivilisasjoner, uten synlig kontakt med hverandre, bestemte seg for å bygge templer og pyramider etter nøyaktig de samme stjernene?

Som om ikke det var nok, er disse store strukturene – pyramidene i Egypt, Mexico, Kina og Kambodsja – på linje med den samme geodetiske meridianen kjent som den *store sirkelen*, en presis linje som går rundt hele planetens omkrets. Ingen av disse sivilisasjonene visste angivelig at jorden var en kule.

Inne i den store pyramiden til Keops har man ikke funnet mumier, hieroglyfer eller gravdekorasjoner. De indre kamrene er anordnet med en slik astronomisk og akustisk presisjon at noen forskere hevder at de fungerte som resonansinnretninger.

Nylig hadde jeg muligheten til å besøke pyramidene i Giza. Siden jeg var barn har jeg drømt om å reise til Egypt og se dem. Den første dagen jeg var der ble jeg veldig skuffet: alt var kommersialisert, og det virket som om de heller ville selge meg noe enn å hjelpe meg.

Til tross for det, gjør det å være i nærheten av pyramidene at man kan fordype seg i deres vibrasjonsfelt. Det er noe immaterielt, nesten umerkelig for vårt menneskelige ego, men ubestridelig: pyramidene har en ekstremt sterk tilstedeværelse.

Hvis du en dag besøker dem, og hvis du også føler det samme kallet som jeg følte, vil jeg bare si én ting: gå dit med nærvær. Det er et privatisert sted, fullt av turister og kommers, men hvis du tillater deg å observere og lytte, blir opplevelsen noe hellig.

For å fortsette med gamle monumenter, finner vi i Sør-Amerika **Sacsayhuamán**, en megalittisk festning i Cuzco, Peru, hvor det ble reist sammenhengende murer på 9 meter i høyden, bestående av blokker på 90, 125 og opptil 350 tonn hver, på et område på over 3000 hektar.

Ikke langt derfra, også i Peru, ligger byen **Ollantaytambo**, bygget med monolitter på mellom 12 og 40 tonn, og den imponerende **Machu Picchu**, bygget med blokker på opptil 120 tonn.

I Asia skiller **Baalbek-plattformen seg ut**, bygget med blokker på mellom 900 og 1100 tonn. Bare 7 kilometer unna lå ytterligere tre megalitter som var enda mer overraskende: på 1000, 1242 og opptil 1650 tonn, hvis opprinnelse fortsatt er et mysterium.

Det mest imponerende er at kuttene i disse blokkene har millimeterpresisjon, noe som er umulig selv med moderne teknologi uten presisjonsverktøy som laser. Ingeniøren Chris Dunn viste at noen av kuttene i Giza har komplekse tredimensjonale kurver, som om det hadde blitt brukt høyfrekvent roterende maskiner. Midt i bronsealderen?

Interessant nok står det i **Enochs bok**, kapittel 7, at Gud åpnet Dudael-ørkenen for å fange de falne englene, de som forstyrret menneskeheten. Den samme ørkenen ligger i det nåværende Libanon, hvor monolitene på 1650 tonn ligger.

Hvordan klarte de gamle folkene å utføre slike arkitektoniske verk, som fremdeles er uforklarlige? Fikk de hjelp fra romvesener? Fantes det gigantiske vesener som var i stand til å flytte slike steinkolosser? Kanskje begge deler. Og selv om vi ikke har et definitivt svar, kan vi ikke lenger benekte at disse konstruksjonene eksisterer, utfordrer kjente lover og peker mot en uunngåelig konklusjon: menneskehetens historie må skrives om.

VI ER ALLEREDE I GANG MED Å SKRIVE OM HISTORIEN

Det er ikke nødvendig for en arkeolog å bekrefte det. Når vi leser og skriver disse ordene, endrer vi allerede fortellingen. Vi redder allerede en historie som har vært begravd av århundrer med manipulering.

Jeg vet at det kan virke overveldende. Men undervurder ikke kraften i å heve bevissthetsnivået ditt: det endrer frekvensen din, og frekvensen din forvandler virkeligheten din.

Hvert menneske som våkner, skriver om historien. Ikke med kriger. Ikke med dekret. Men med tilstedeværelse. Med besluttsomhet. Med en søken som ikke gir opp.

Vil du forandre verden? Forandre din oppfatning av den.

Vil du kjenne sannheten? Lev sannheten.

Verden trenger ikke en ny offisiell versjon. Den trenger mennesker som husker at det umulige allerede har skjedd... og at det skjer igjen.

KVINNEN PÅ NESTEN 8 METER

I 1984 ble restene av en gigantisk kvinne funnet i Ecuador, og senere overlevert til presten Carlos Vaca. Etter hans død ble beina analysert av den østerrikske forskeren Klaus Dona, som presenterte resultatene på en konferanse i Tyskland i 2011. Ifølge hans studier var det en ***kvinne på rundt 7,60 meter*** som bodde i Llanganates-fjellkjeden.

SKJELETT I JUNGFRAU-PARKEN I SVEITS

I tillegg til dette tilfellet finnes det mange vitnesbyrd som forteller om vesener mellom 3 og 3,50 meter høye i forskjellige regioner på jorden. Imidlertid blir disse opptegnelsene overskygget av funn som det i Ecuador, som ser ut til å være autentiske anomalier i en gammel verden av kjemper.

I dag ser man ikke lenger tilfeller av en slik størrelse. Selv om det finnes mennesker som er over to meter høye, er verdensrekorden knapt 2,50 meter. Det er langt fra de gamle gigantene som lett var over tre meter høye, og til og med mye høyere.

Alt dette, sett i sammenheng med de kolossale dimensjonene i universet vi bor i, begynner å virke mindre som science fiction og mer som noe som gir mening. Kanskje var det derfor de skjulte så mange ting for oss og fragmenterte sannheten. I denne boken setter vi sammen noen av disse brikkene for å få et glimt av minst én prosent av puslespillet.

Det kan høres ut som fantasi, fordi bevisene på giganter i antikken er overbevisende, mens det i dag virker umulig. Eller gjør det det? Se på det følgende.

GIGANTER LEVER SAMMEN MED OSS (SENSURERT INFORMASJON)

I april 2022 filmet Andrew Dawson, en kanadier, en enorm figur på toppen av et fjell i Jasper nasjonalpark i Canada. Det som så ut som en stolpe, beveget seg når bildet ble forstørret. Andrew ble besatt. Han vendte tilbake til stedet flere ganger, men tilgangen ble blokkert av angivelige etterretningsagenter. Han hevdet til og med at han ble overvåket.

Noen dager senere filmet han helikoptre som opererte i nærheten av stedet: ett løftet trær, et annet fløy over toppen. Han mistenkte at de hentet ut noe. Da han prøvde å klatre opp igjen, ble han stoppet av en mann i en bil som sperret veien for ham.

Etter flere dager med stillhet dukket Andrew opp igjen i en video hvor han benektet alt det ovennevnte og sa at det bare var «underholdning». Men kroppsspråket hans og det tomme blikket overbeviste ikke. Kort tid etter la han ut en video med tittelen «Jeg er redd», hvor han sa: «De kan ikke tvinge meg til å tie.» Det var hans siste relevante innlegg. I juli døde Andrew. Dødsannonsen nevner ikke dødsårsaken.

Saken ble raskt viral. Mange koblet den til en annen episode: **Giganten fra Kandahar**, som angivelig ble drept av den amerikanske hæren i 2002 i Afghanistan. Ifølge lekkede vitneutsagn var giganten over 4 meter høy, hadde seks fingre, to rader med tenner og ble fraktet med helikopter til en militærbase etter å ha blitt drept.

Tilfeldighet? Fiksjon? Oppspinn? Det viktige er ikke å bevise hvert eneste detalj, men å se mønsteret: Den som kommer for nær visse sannheter, forsvinner. Saken om Andrew kan være ekte eller ikke, men den representerer noe større: en systematisk global sensur mot alt som utfordrer den offisielle versjonen.

Denne boken søker ikke å overbevise deg om noe, men å minne deg om at historien ikke er over. At sensuren fortsatt lever. At det umulige fortsatt skjer. Og at du har friheten – og ansvaret – til å velge hvilket liv du vil skape.

Skjermbilde fra en av videoene Andrew filmet i Canada, 2022.

Vi vet at denne historien blir sterkere når man ser videoene og hører hva Andrew sier, hvordan han sier det og hva han formidler. Derfor vil jeg ikke la deg sitte igjen med et uklart bilde støttet av historien om en gutt på TikTok. Hvis du ønsker å se videoserien og med egne øyne bekrefte det du har lest her, og det Andrew delte som fikk ham til å bli tauset, kan du skanne QR-koden nedenfor:

Kode som låser opp ressursen: **222**
(du trenger den etter at du har opprettet kontoen)

FARVEL, UFO-MYSTERIET

Nå som vi har sett hvordan historien har blitt manipulert – fra gigantene til de umulige megakonstruksjonene, via de -tyskes dødsfallene til de som avslører for mye – er det på tide å belyse et annet av de store slørene: de såkalte UFO-ene.

For når vi snakker om å omskrive historien, kan du ikke fortsette å ignorere det åpenbare: uidentifiserte flygende objekter er overalt.

Det er ikke lenger antagelser, tro eller «new age»-galskap. Det er offisielle registre, opptak frigitt av militæret, uttalelser fra tidligere etterretningsansatte og tusenvis av vanlige vitner. Ufologi er ikke lenger et mysterium: det er en ubehagelig realitet som mange foretrekker å fortsette å kalle fantasi for å slippe å endre sitt bilde av virkeligheten og åpne øynene.

I årevis har man gjentatt ideen om at romvesener er vesener som kommer fra himmelen, innbyggere på andre planeter. Men... hva om de faktisk er her sammen med deg? Det finnes uendelig med bevis: UFOer som kommer ut av vulkaner, objekter som dukker opp fra havbunnen, tusenvis av opptak av lys som beveger seg med umulige hastigheter. De er i himmelen, på jorden, i havene. De er her.

IKKE-MENNESKELIG TEKNOLOGI ER ET SPEIL FOR DEN SOVENDE MENNESKEHETEN

I flere tiår har det lekket ut vitnesbyrd fra forskere som **Bob Lazar**, som i 1989 hevdet å ha jobbet med reverseringsteknikk på ikke-menneskelige romskip i hemmelige anlegg tilhørende den amerikanske regjeringen. Hans uttalelser om antigravitasjonsfremdriftssystemer, elementer som ennå ikke var anerkjent av datidens vitenskap, og romskip som var umulige å replikere med jordisk teknologi, utløste en global debatt.

Mange prøvde å diskreditere ham, men med tiden bekreftet flere fakta deler av hans historie, inkludert oppdagelsen av Element 115 og logistiske detaljer om basene hvor han hevdet å ha jobbet.

Uavhengig av om hvert detalj er sant eller ikke, er det viktigste spørsmålet han reiser: Hvis disse teknologiene eksisterer, hva har blitt skjult for oss... og hvorfor? Hvorfor er vi fortsatt bundet til fossile energikilder, kroniske sykdommer og ødeleggelsen av planeten, hvis det kan eksistere noe høyere?

Det sentrale spørsmålet er ikke om det finnes romskip. Det er om vi har evnen til å huske hva disse romskipene symboliserer: ekspansjon, evolusjon, frigjøring fra tidens og rommets lover.

For hvis et objekt kan bøye romtiden... kan ikke et utvidet bevissthet også gjøre det?

> «Alt som er skjult for oss utenfor, er bare et speilbilde av det vi glemmer å se inni oss selv.»

ANTIGRAVITASJONSTEKNOLOGI

Det Bob Lazar avslørte var ikke et isolert tilfelle. Tvert imot: det er en del av en lang rekke skjulte oppdagelser, undertrykte teknologier og forskere som er forfulgt for å ha forsøkt å frigjøre verden.

Jeg snakker om intet mindre enn en av Nikola Teslas disipler, **Otis T. Carr**, som designet og offentlig testet et romskip drevet av fri energi, drevet av solen og uten behov for drivstoff. Hans mål var ambisiøst: å gjennomføre en flytur til månen 7. . desember 1959. Han hadde oppnådd alt, bortsett fra én ting: å be om tillatelse.

To uker etter sin siste testflyging konfiskerte føderale agenter hele laboratoriet hans. Han ble anklaget, tauset og dømt. Hans «forbrytelse» var ikke å svindle noen, men å utfordre det globale energisystemet. For hvis menneskeheten får tilgang til fri energi, bryter kontrollen sammen. Uten avhengighet er det ingen dominans. Og uten dominans forsvinner maktspillet.

Dette er ikke en teori, det er et mønster. Det samme skjedde med **Adam Trombly**, skaperen av den homopolare energigeneratoren. Oppfinnelsen hans kunne forsyne hele byer med ren og gratis elektrisitet. Resultatet? Husransakelser, sabotasje, drapstrusler og forgiftningsforsøk. Til tross for dette fortsatte Trombly å utvikle nullpunktsenergiteknologi, og i dag er han anerkjent som en pioner på dette feltet. Men hans arbeid, som så mange andres, blir aldri undervist i skolene.

Hvorfor? Fordi systemet ikke belønner frihet. Det undertrykker den. Fordi et menneske med fri energi, med vibrasjonshelse og reell suverenitet... ikke lenger kan manipuleres eller programmeres.

Og her kommer du inn igjen. For denne informasjonen er ikke bare til for å gjøre deg opprørt, men for å minne deg om at den samme kraften som de prøver å undertrykke, lever i deg, og du kan bruke den når som helst hvis du bestemmer deg for det.

Dette minner meg om **Viktor Frankl**, psykiater og overlevende fra nazistenes konsentrasjonsleirer, som skrev et av de mest transformerende verkene i det 20. århundre: *Mannen som søkte mening*. Midt i den mest umenneskelige grusomheten oppdaget Frankl en sannhet som verken bødlene, sulten eller døden kunne ta fra ham: menneskets ultimate frihet er å velge sin holdning til enhver omstendighet.

De sperret ham inne, slo ham, fratok ham alt... bortsett fra hans indre kraft. Og det er det han avslører for oss: at selv om vi ikke alltid kan velge hva som skjer med oss, kan vi alltid velge hvordan vi skal reagere. Det er den sanne friheten. Derfor sa Frankl at det er et mellomrom mellom stimulansen og responsen. Og i det mellomrommet ligger vår makt til å velge. I vårt valg ligger vår utvikling.

Det Carr, Trombly, Lazar, Royal Rife og så mange andre prøvde å frigjøre, var ikke bare teknologi: det var bevissthet. Det var muligheten til å velge en annen virkelighet. Det var minnet om at vi er mye mer enn bare vesener av kjøtt og blod. Og selv om de ble sensurert, satte de spor. Hva du gjør med dem, er opp til deg.

Fri energi er ikke bare et teknisk begrep. Det er en levende metafor for sjelen når den kobler seg fra frykten og kobler seg til kjærlighetens kvantefelt. Alt du ble fortalt var umulig – å helbrede deg selv, frigjøre deg, fly, skape nye virkeligheter – er det sjelen din kom for å gjøre.

Antigravitasjon eksisterer. Men ikke bare utenfor. Også innenfor. Det som kommer nå, bekrefter det.

Og nå som du har sett det, lest det, følt det: kan du ikke gå tilbake. Sett sammen brikkene. Aktiver hukommelsen din. Og gjør deg klar... for det som følger er ikke informasjon: det er transformasjon.

> «Alt har alltid vært foran øynene våre. Skjult, ikke fordi det var usynlig, men fordi det var åpenbart.»

Viktor Stepanovich Grebennikov, en sovjetisk entomolog med en lidenskap for insekter og livets geometri, oppdaget i naturen selv en teknologi som utfordret alt som var kjent. Da han analyserte insektskall under mikroskopet, la han merke til en geometrisk struktur som var så presis, så rytmisk og flerdimensjonal at den virket designet av en høyere intelligens.

Da han stablet disse strukturene, observerte han fenomener som den offisielle vitenskapen ikke kunne forklare: objekter som leviterte, antigravitasjonsfelt og forvrengninger i rom-tid.

Den strukturelle vibrasjonen i disse skallene var mer enn biologi. Det var kode. Det var bevissthet i form. Det var levende teknologi, designet av den universelle intelligensen som former alt som eksisterer.

Inspirert av funnet sitt, konstruerte Grebennikov en antigravitasjonsplattform bestående av hundrevis av disse naturlige strukturene. Ifølge hans opptegnelser kunne enheten fly i over 1000 km/t, uten støy, uten treghet, uten motstand... og uten å kaste skygge. Under flyvningen ble tiden forvrengt, kroppen følte ikke noe trykk og fartøyet forsvant visuelt.

Brukte Grebennikov utenomjordisk teknologi? Eller hadde han tilgang til jordisk kunnskap som har vært skjult for oss i årtusener?

Parallellene til gamle kulturer er uunngåelige. Skarabéen – som var til stede i skallene han brukte – var et hellig symbol for egypterne, assosiert med skapelsen, gjenfødselen og solen. Den store pyramiden i Giza har på sin side vist seg å konsentrere og kanalisere elektromagnetisk energi på lignende måter som Grebennikov beskrev i sine eksperimenter. Tilfeldighet eller minne?

> *«Kunnskapen som beveger stjernene, finnes også i vingene til et insekt. Universet skjuler ikke sine hemmeligheter: det avslører dem for dem som våger å se utover det åpenbare.»*

Grebennikov prøvde å dele oppdagelsen sin, men boken hans ble sensurert, bildene hans ble slettet og navnet hans ble diskreditert. Hvorfor? Fordi hvis han kan fly uten drivstoff, kan han leve uten å be om tillatelse.

Grebennikovs historie er ikke bare et kuriosum: den er en oppfordring til å huske at alt er levende, at alt vibrerer. At naturen inneholder planene for det vi kaller «teknologi», men som i virkeligheten er bevisste manifestasjoner av en høyere intelligens som hvisker til oss: «Alt er inne i deg.»

Og derfor ble han brakt til taushet. For når du kobler den hellige geometrien med materien, når du forstår at vingene til et insekt og en pyramide følger de samme lovene, når du erkjenner at det ikke er noen skille mellom vitenskap og ånd... da våkner du.

Grebennikov tester oppfinnelsen sin.

Som Grebennikov skrev i sine siste ord før han døde:

«Det er ikke mystikk. Saken er ganske enkelt at vi mennesker fortsatt vet lite om universet, som vi ser, ikke alltid aksepterer våre altfor menneskelige regler, antagelser og ordrer.»

ROMVESENER I JORDENS DYPESTE SJØ

Når man snakker om UFOer, ser man ofte opp mot himmelen. Men mer enn 65 % av de registrerte observasjonene er knyttet til vann: hav, dype innsjøer, isbreer. Hvis det er et sted hvor det uforklarlige ser ut til å konsentrere seg, er det Baikal-sjøen i Sibir, Russland.

Baikal er ikke bare en innsjø. Det er den største og dypeste ferskvannsmassen på planeten: den inneholder mer enn 20 % av verdens overflatevann, er nesten to kilometer dyp, mer enn 25 millioner år gammel og huser tusenvis av unike arter. Men mysteriet går langt utover det biologiske.

I en militæroperasjon, dokumentert i sovjetiske arkiver, dykket en gruppe dykkere ned til 50 meters dyp og hevdet å ha funnet humanoide vesener på nesten tre meter, kledd i sølvfargede drakter og sfæriske hjelmer. Da de prøvde å fange en av dem, ble de voldsomt kastet opp mot overflaten av en usynlig kraft. Tre soldater omkom. Hendelsen ble dokumentert, men ble aldri offisielt avkreftet. Den ble bare... arkivert.

Den russiske historikeren Alexey Tivanenko, med tusenvis av publikasjoner, undersøkte disse beretningene i årevis. Han samlet vitnesbyrd fra fiskere og landsbyboere som hevdet å ha sett disse «sølvfargede svømmerne» hoppe ut av vannet som om de lekte, selv på de kaldeste nettene, når temperaturen knapt oversteg tre minusgrader.

I 2009 oppdaget den internasjonale romstasjonen perfekt symmetriske sirkler i isen på innsjøen. Ingen har kunnet forklare deres opprinnelse. Det er fremmet teorier om metanutslipp, geotermisk varme og magnetiske anomalier, men ingen av dem forklarer hvorfor de dukker opp akkurat på steder hvor det ikke burde være aktivitet. De ser ut som åpne dører fra dypet.

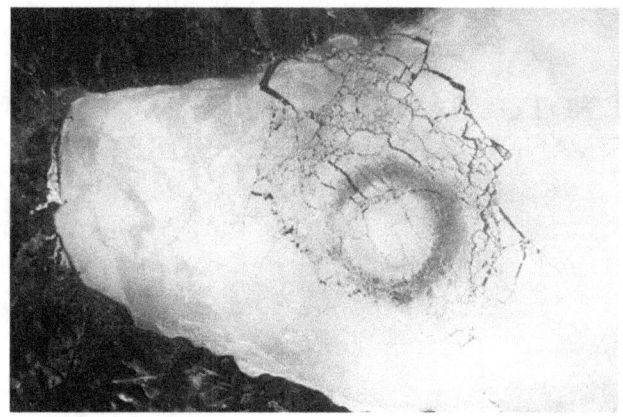

Sirkulære hull sett i Bajkalsjøen.

Muligheten som åpner seg er foruroligende bare hvis vi fortsatt tror at jorden tilhører oss. Hva om disse vesener ikke kom fra utenfor? Hva om de aldri dro? Hva om de alltid har vært her, under vann, og observert oss?

Du trenger ikke å tro på dette for at det skal være sant. Du trenger bare å forstå hvorfor det ble skjult. Hvis vi aksepterer at det finnes undervannssivilisasjoner som behersker en teknologi som er ukjent for oss, så faller den offisielle fortellingen om evolusjon, dominans og fremgang sammen.

For det systemet virkelig frykter, er ikke at du tror på romvesener, men at du slutter å tro på dine egne begrensninger. De som fortsatt vil overbevise deg om at du er bundet til nyhetene, pandemiene, vaksinene, aspirinen, inflasjonen eller hva andre sier.

Det som dukker opp fra Bajkalsjøen er ikke bare et mysterium: det er et tegn. En invitasjon til å huske at det dype alltid har vært der. Ikke som en trussel, men som sannhet.

KLARE FOTOGRAFIER AV OSNIS SOM KOMMER OPP AV VANNET, SOM BLE SENSURERT

I mars 1971 registrerte en ubåt fra den amerikanske marinen en rekke sjokkerende bilder under en hemmelig oppdrag mellom Island og øya Jan Mayen i Nord-Atlanteren. Bildene viste metalliske objekter som kom opp direkte fra havet, med en presisjon og symmetri som var umulig å forklare med jordisk teknologi.

Hva avslører dette? At det utrolige ikke bare har skjedd... men at det har blitt dokumentert, arkivert og tiet om. Mens verden så mot himmelen, skjedde det mest avslørende under vann, langt fra det sosiale, kulturelle og vitenskapelige radaren.

Disse bildene er ikke bare visuelt bevis. De er en bekreftelse på det mange gamle kulturer allerede ante: sannheten avsløres ikke med høye rop, den siver inn mellom skyggene. Og når et bilde klarer å fange det som ikke skulle sees, blir det ikke ødelagt. Det blir sensurert.

KJENN DEN ENESTE SANNHETEN

STEDET HVOR ØYA LIGGER

Dette materialet ble klassifisert som konfidensielt og skjult i flere tiår.

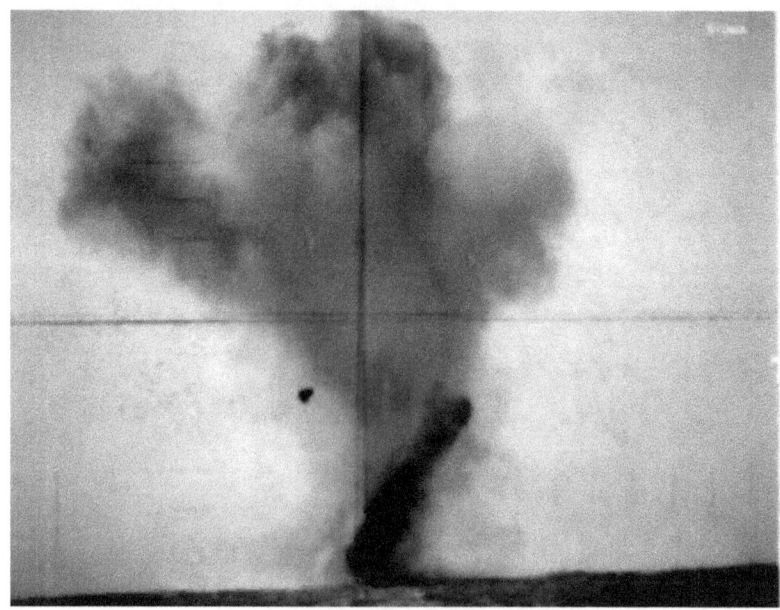

KJENN DEN ENESTE SANNHETEN

GUD, DET GUDOMLIGE OG DET UTOMJORDISKE ER SAMMENFLETTET

Etter alt vi har sett – skip som kommer opp av vannet, sirkler i isen oppdaget fra verdensrommet, lekkede dokumenter og kjemper som fortsatt dukker opp i dagens fortellinger – er det egentlige spørsmålet ikke «om de eksisterer», men: *hvorfor fortsetter de å skjule det?*

Svaret har alltid vært rett foran øynene våre.

Man trenger bare å se på gamle kunstverk: **Madonnaen fra San Giovanni**, **Kristi dåp** eller **Le Livre des Bonnes Moeurs**.

SEBASTIAN SANN

Madonnaen av San Giovanni (1350):
et flygende objekt over høyre skulder.

Kristi dåp (Aert de Gelder, 1710): en himmelsk figur sender lys over Jesus, med en slående likhet med et moderne UFO.

Til venstre, boken om gode manerer (fra 1404) av franskmannen Jacques Legrand, som viser en sfære identisk med den som falt i Buga, Colombia, i 2025, avbildet til høyre.

Alle viser det samme: kuler, lys, himmelske vesener. Og det mest interessante er at de samme formene dukker opp i virkelige opptak i dag. Samme mønster. Samme design. Samme offisielle taushet.

Tilfeldighet? Nei. Det er kontinuitet.

Historien er sammenvevd, men vi har aldri lært den som en del av historien. Hvorfor? Fordi det du tror om fortiden, definerer hva du tror om deg selv. Hvis du aksepterer at «gudene» bare var symbolske fortellinger, vil du aldri tillate deg selv å aktivere ditt virkelige potensial. Men hvis du erkjenner at det guddommelige, det stjernelignende og det hellige alltid har vært det samme, endrer alt seg.

Hva om du også var en kanal for den energien som kom fra stjernene? Hva om DNA-et ditt ikke var en tilfeldighet, men en programvare som venter på å bli aktivert med riktig frekvens?

Dette er ikke folklore. Det er informasjon. Men ikke for å samle på, men for å bruke. For hvis alt er vibrasjon og vibrerer lavt, vil du aldri se det som er ovenfor. Men hvis du hever din tilstand, renser omgivelsene dine og finjusterer bevisstheten din... vil du begynne å oppfatte det som alltid har vært der, selv om du ikke var innstilt på det før.

Det er den virkelige hemmeligheten bak «romvesener»: de er ikke utenfor, men på en annen frekvens. Og du kan få tilgang til den, ikke med teleskoper eller teorier, men med din daglige vibrasjon.

Derfor insisterer jeg: det handler ikke om å tro eller ikke tro. *Det handler om å huske.* Om å erkjenne at historien ble skrevet for å gjøre oss mindre, mens Sannheten dukker opp overalt for å utvide oss.

Matrixen brytes ikke ved å se opp mot himmelen. Den brytes ved å huske hvem som drømmer den. Og det... er deg.

SANNHETEN ER IKKE UTE

Etter all denne reisen – gjennom umulige ruiner, gigantiske fotspor, ufattelige pyramider, tausede historier og skip under vann – er det noe som blir ubestridelig: vi vet nesten ingenting. Eller kanskje vi gjør det... men vi ble lært å ikke huske det så godt, så når sannheten om absolutt alt ligger foran oss, tviler vi ganske enkelt.

Jeg har ikke alle svarene. Faktisk er jeg sikker på at jeg ikke har dem. Men det er noe vi ikke kan unnslippe: bevisene er så mange, så sammenhengende, at det ikke lenger handler om å tro eller ikke tro. Det handler om å se. Å se med ydmyke øyne, med undrende øyne, med øyne som husker. Det handler om å se med hjertets øyne mer enn med sinnets øyne.

Å se at det finnes objekter i himmelen. Objekter i vannet. Objekter under jorden. Gigantiske vesener som vandret blant oss. Og teknologier som kunne endre menneskehetens kurs, men som systematisk har blitt undertrykt.

Det menneskelige sinnet er ikke designet for å forstå dimensjoner som overskrider dets programmering. Men sjelen er det. Og når noe er sant, gjenkjenner man det, selv om man ikke forstår det.

Det er det du føler når du leser disse ordene. Det er ikke logikk, det er resonans.

Kanskje alt dette virker som science fiction. Men hva er science fiction annet enn en fornekten fremtid? Og hva er sannheten, annet enn det som ikke kan tiet?

Vi er åndelige vesener som leker mennesker, ikke mennesker som søker det åndelige.

Og det er først når du husker dette, at livet begynner å frigjøre seg fra sine grenser. Vi begynner å leke på den aktive siden av uendeligheten, hvor helbredelse, transcendens og utvidelse av sjelen ikke lenger er mål: de er uunngåelige.

> *«Å tenne lampen til det skjulte er ikke bare for å se hva som er utenfor. Det er for å huske hva som er inni deg. Ditt DNA er ikke menneskelig: det er guddommelig, stjernelignende og flerdimensjonalt.»*

Nå går vi inn i den siste fasen av denne reisen. En fase hvor det ikke lenger handler om å forstå med sinnet, men om å huske med sjelen og føle med hjertet. Vi skal transcendere Matrix. Vi skal transcendere våre egne tanker og den samme logikken vi har dannet for å holde oss i spillet.

Jeg vet at det har vært en lang vei. Hvis du har kommet så langt og har opprettholdt den tilstedeværelsen og ansvaret vi etablerte som grunnlag i kapittel én, er jeg ikke i tvil om at livet ditt allerede har forandret seg fullstendig.

Kanskje har det bare gått noen timer før du kom til dette punktet i boken. Kanskje du tar den opp igjen etter uker eller måneder. Uansett er det modig å komme så langt. Ikke alle har nok ydmykhet til å se på sin egen skygge og møte virkeligheten i denne verden.

Derfor vil jeg gjerne høre fra deg. Jeg vil gjerne at du sender meg en melding på Instagram og forteller meg hva som var vanskeligst for deg å gi slipp på, og hvilken sannhet som påvirket deg mest, den som, bare ved å forstå den, utvidet ditt syn på livet og gjorde det sterkere.

Jeg overlater deg til den siste etappen. Nå skal vi gå til det mektigste: den endelige integreringen av sannheten og dens uttrykk. Vi skal huske alt.

KAPITTEL 3

Å TRANSCENDERE MATRIXEN

DEN ABSOLUTTE FORENING

To sider av samme sak. Alt og ingenting eksisterer og eksisterer samtidig.

I dette kapittelet skal vi overskride sinnets grenser, for her trenger du det ikke. Ikke prøv å forstå: la deg gjennomtrenge av overfloden av uforståelighet, og la deg føre til universelle nivåer hvor alt gir mening... og ingenting gir mening, samtidig.

Hvis alt er ett, og ett er ingenting, hva er du da? Det samme punktet som utgjør alt, utgjør ingenting; å snakke om begge deler fordyper deg, uten å spørre, i likevektspunktet. La oss se nærmere på dette.

GRENSEN FOR VÅRE SANSER

La meg utdype: når du begynner å oppfatte rom-tid som «alt som finnes»... hva er da dette «alt»? Hvor er det?

Ifølge ulike undersøkelser inneholder dette «alt» ikke annet enn tomt rom. Hvordan manifesterer det seg da i objektene vi ser og i virkeligheten vi oppfatter? Gjennom vår *tredimensjonale oppfatning* av verden som en konstruksjon av former og objekter.

Hvis du tenker over det, vet du at dette er en bok og at den inneholder informasjon fordi du har lest en bok før, eller fordi noen har fortalt deg at det er slik. Det samme gjelder glasset du heller vann i: du løfter det og fører det til munnen fordi det var det du gjorde tidligere. **Virkeligheten er en konstruksjon av fortiden.**

Det mest merkverdige er at vi i årtusener har overbevist oss selv om denne «sannheten»: å tro at det vi oppfatter er det eneste som finnes, det eneste som er virkelig.

Med vårt synsspekter oppfatter vi bare en minimal del av de elektromagnetiske bølgene som finnes i kosmos. Ifølge dr. Karan Raj fanger det menneskelige øyet bare opp rundt **0,0035 %** av virkeligheten.

Ja, du leste riktig: vi når ikke engang 1 %.

Jeg vet ikke hva som beveger deg akkurat nå i ditt trossystem, men da jeg oppdaget dette tallet, falt jeg i en tilstand av ydmykhet som jeg ikke hadde opplevd før. Jeg sa til meg selv, , at jeg ikke hadde noen anelse om noe. At alt jeg i årevis hadde hevdet var sant, bare var en brøkdel av min oppfatning. Derav setningen: «Det som er virkelig, er det du ikke ser».

REALITETENS PARADOKS

«Virkeligheten avhenger av hvor du retter oppmerksomheten, fordi det synlige bare er skyggen av det usynlige. Alt er der, men du ser bare det du er forberedt på å se.»

Sannheten finnes ikke i oppfatningen, for sannheten omfatter alt. Å skrive denne boken var en utfordring inntil jeg kunne knytte den til teorien om det holografiske universet, som minner oss om at **delen også utgjør helheten.**

Hvis det er slik, tenkte jeg, vil den eneste sannheten – uansett om den oppfattes av hver leser som kommer over denne boken – fortsatt være sann, fordi hver og en, akkurat som meg, er en liten del av det samme hele. Og slutt. Derfra er det ikke lenger noen søken eller behov for å fylle ut noe. Ideen om at «noe mangler» forsvinner i et øyeblikk av bevissthet: du slutter å *oppfatte* for å begynne å **se**.

DELEN INNEHOLDER HELHETEN

Dette bekrefter noe åpenbart: vår virkelighet er begrenset, eller rettere sagt, *begrenset* virkelig. Ikke fordi den ikke eksisterer på et nivå, men fordi vi tror at bare det er det virkelige.

Å forstå at alt og ingenting er det samme fører oss til det punktet som inneholder dem: ingenting og alt forenet i noe.

Hva er dette «noe»? I de neste underkapitlene vil vi ta for oss ulike punkter som kan bringe oss nærmere, ikke å forstå, men å **huske** dette noe. For alt du tror du ser utenfor, måtte først sees innenfor.

«Ekte syn er ikke med øynene. Det er med bevisstheten.»

La oss gå enda dypere: i tillegg til synet er det andre sanser som spiller en avgjørende rolle i konstruksjonen av det vi kaller virkelighet.

STJERNENES MUSIKK

Hva ville skje hvis steiner ikke veide så mye som vi tror? Hva ville skje hvis det fantes lyder som ikke bare kan høres, men som også løfter?

De kalte det **akustisk levitasjon**. Men utover det tekniske navnet handler det om noe som sinnet ikke kan forstå og hjertet ikke kan benekte: det finnes frekvenser som beveger det ubevegelige. Vibrasjoner som kan holde kropper svevende i luften uten at noe synlig støtter dem.

Det imponerende er ikke at dette skjer. Det imponerende er at det alltid har skjedd.

Hele kulturer visste dette. Gamle sivilisasjoner bygde templer som vi i dag ikke kunne gjenskape selv med all vår teknologi. Hvilken kraft brukte de? Hvilke kraner? Kanskje en kraft som ikke kan sees.

Edward Leedskalnin, en latvisk billedhugger fra forrige århundre, forsto dette. Han bygget helt alene en hel park av steiner på over 30 tonn. Uten hjelp. Uten maskiner. Og da han ble spurt om hvordan han hadde gjort det, svarte han noe som ikke virket som et svar: «Jeg visste hvordan jeg skulle stemme meg inn på stjernenes musikk.»

Han sa bokstavelig talt:

«Jeg har oppdaget pyramidenees hemmeligheter og funnet ut hvordan egypterne og de gamle byggherrene i Peru, Yucatán og Asia, med bare primitive verktøy, løftet og plasserte steinblokker som veide mange tonn.»

Han sang i koret. Steinene beveget seg. Naboene hans så det. Vitenskapen ignorerte det.

Det samme skjedde i Tibet, hvor en gruppe munker brukte horn og trommer til å få steiner til å sveve. En svensk lege var vitne til ritualet, filmet det, og da han kom tilbake til Europa... forsvant materialet. Nok en gang ble mysteriet begravet under teppet av det «rasjonelle».

Spørsmålet er ikke om dette er ekte. Spørsmålet er: hvorfor er det så vanskelig for oss å tro på det?

Kanskje fordi alt dette setter spørsmålstegn ved ideen om at verden drives av rå kraft. Kanskje fordi det minner oss om at det ikke er nødvendig å presse for å forandre form... det er nok å vibrere annerledes.

Og hvis disse steinene kunne løftes med lyd... hvilken del av deg kunne også løftes hvis du stemte deg inn på en annen frekvens?

Men hva er vitsen med å snakke om flytende steiner eller billedhuggere som flyttet tonnevis med stemmen sin?

Fordi vi beveger oss inn i en virkelighet som er umerkelig for egoet. Noe som den moderne verden benekter, men som gamle kulturer forsto perfekt: det virkelige er ikke alltid synlig. Og det som ikke er synlig, er det som opprettholder alt vi kaller «fysisk virkelighet».

Så hvordan kan vi forstå en virkelighet som ikke kan sees eller forstås? Forslaget er det samme som i begynnelsen: **ikke prøv å forstå. Føl**. Dette kapitlet er skrevet for å føles, ikke for å forklares.

Å LÅSE OPP EN UENDELIG MENTALITET

Alt vibrerer. Alt beveger seg. Alt henger sammen. Det vi så om akustisk levitasjon forklarer bare det som både du og jeg opplever hele tiden: den energiske vibrasjonen og den usynlige sammenhengen mellom alle ting.

Det fantastiske med dette er at, som en del av et hele, blir sinnet vårt uendelig. Uendelig i muligheter.

> «Vi kan være, gjøre og ha alt vi tror vi kan være,
> gjøre og ha.»

SAMSKAPE OPPLEVELSEN

Å forstå at du har et uendelig sinn åpner døren til en verden uten grenser. En verden med uendelige måter å se på det som skjer på... eller å skape det du ønsker skal skje.

Fra et nivå av separasjon skjer tingene bare.

Fra et nivå av enhet skjer alt du er hele tiden og samtidig, fordi det ikke eksisterer noen reell separasjon. Den separasjonen er en mental skapning som du har lært siden barndommen. Det er Matrix: den lærer deg å skille, merke, klassifisere... i stedet for å integrere, som er det som virkelig gir deg tilbake den kraften som alltid har tilhørt deg: å skape.

DU SKREV DENNE BOKEN

La oss være litt mer realistiske: at du leser en bok for å finne ut «den eneste sannheten» var en av mange muligheter som fantes i universet.

Fra mitt perspektiv skrev jeg denne boken. Men sannheten er at for at du skal lese den, måtte du ha skapt denne hendelsen. Jeg kjente deg ikke, og jeg visste ikke at det fantes en leser som ville kjenne seg igjen i dette budskapet. Da jeg valgte tittelen på boken, valgte jeg mellom uendelige muligheter, alle like gyldige, alle potensielt reelle.

Det avslørende er enkelt: **vi skaper alle hele tiden, mens alt skaper seg selv.** Det er intet som smelter sammen med alt. Eller alt som manifesterer seg i intet.

ALT DU SER AVHENGER AV DEG

Dette er det forskere har kalt bølge- eller partikkelatferd i energi: dens manifestasjon avhenger av hvem som observerer den.

Derfor kan denne boken være dypt avslørende for deg og inneholde hele sannheten... mens den for en annen person kan være ubrukelig, falsk eller til og med farlig.

Hvem har rett? Begge. Ingen. Fordi alt avhenger av observatøren.

Fra mitt synspunkt inneholder denne boken hele sannheten, fordi du allerede er hele sannheten som finnes. I et sinn som mangler, vil denne boken være mangelfull. I et sinn som er åpent for helheten, vil den være en nøkkel. Det fantastiske med Helheten er at hver del representerer helheten, og derfor blir utvidelse uunngåelig når vi integrerer denne sannheten i livet vårt og i hverdagen vår.

> *«Universet er ikke utenfor deg: du er et komplett bilde av Helheten inneholdt i en eneste celle av din uendelighet.»*

Å IKKE VITE ALT ER Å HUSKE ALT

For å forstå sannheten er det ikke nødvendig å vite alt. Det er nok å ikke vite noe. Eller, enda bedre: å slutte å tro at vi trenger å vite noe, og tillate oss å se på oss selv som en del av selve sannheten... og så leve den.

Hvis du legger merke til det, er dette den samme sannheten som jeg delte i begynnelsen av boken: for at alt dette skal gi mening, må du forbli ydmyk og i et konstant «jeg vet ikke». Det er det som virkelig gjør noen vis: å erkjenne at man ikke vet absolutt ingenting.

Hvordan aktiverer man det uendelige sinnet? Ved å slutte å tenke som et menneske.

Husker du? «Åndelige vesener i en menneskelig opplevelse.» Men hvis du ikke fjerner sløret som dekker øynene dine hver dag, vil du fortsette å tro at det eneste som er virkelig, er det du kan ta på, føle, høre eller oppfatte.

Når vi utvider vårt selvbilde, begynner vi å forene oss med uendeligheten og erkjenner evigheten i vår essens. Bare slik kan vi gi plass til et liv med en uendelig mentalitet: uten tid, uten rom, uten grenser.

Det handler om å gi mer plass til å føle fra hjertet enn å tenke fra egoet.

SKYGGER AV VIRKELIGHETEN

Som vi nevnte i begynnelsen av dette kapitlet, når vår evne til å se på spektralnivå ikke engang **0,1** %. Bekrefter ikke dette alt vi har skrevet i denne boken?

Vi er svært begrenset i vår måte å fokusere på og assimilere hele kosmos på. I virkeligheten går det som universet rommer langt utover alle våre sanser. Det er utfordrende å måle den enorme mengden ting vi ikke er i stand til å oppfatte. La oss se på det grafisk.

På YouTube finnes det en video med tittelen «Sammenligning av stjerner», som jeg anbefaler deg å se så snart du har mulighet. Her er noen bilder, slik at du kan fortsette å lese uten å miste tråden, men jeg anbefaler deg virkelig å se videoen:

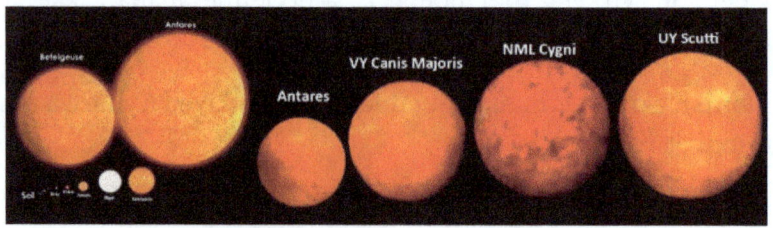

Sammenlignende bilde av noen av de største kjente stjernene sammenlignet med vår sol

Selv solen, som er **1 294 000 ganger større enn jorden**, blir liten – nesten ikke-eksisterende – når man sammenligner den med noen av de største stjernene vi kjenner til. Og likevel er ikke disse de største. På universell skala eksisterer verken solen eller jorden praktisk talt. Nå... forestill deg deg selv og meg i det forholdet. For noen ville det være en vits de ikke ville finne morsom.

Er det ikke logisk å tenke at det der ute finnes romskip og til og med vesener som er mye større enn oss? Kanskje titalls eller hundrevis av ganger større.

Se på dette bildet:

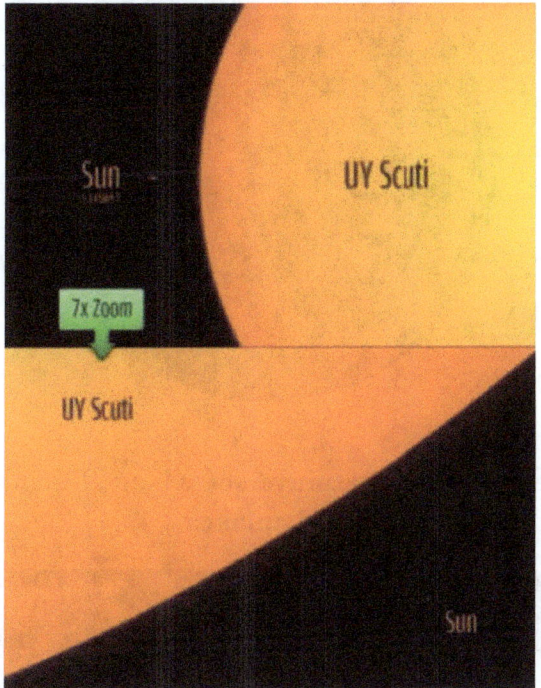

SOLEN SAMMENLIGNET MED *UY SCUT*

Denne stjernen er en av de største stjernene i vår galakse. Og jeg understreker: *bare* i vår galakse.

Så hvis du fortsatt har skallen på plass over hjernen, hold godt fast... for med de neste bildene kan den komme til å glippe.

Husker du da vi snakket om **0,0035 % oppfatning**? Vel, det du leser nå, er en del av de andre **99,9965 %** som alltid har vært der, og ventet på å bli oppdaget.

Dette er det **observerbare universet** så langt. Den røde sirkelen markerer galaksehopen kalt **Laniakea**.

Innenfor Laniakea finnes det mer enn **100 000 galakser**, inkludert Melkeveien.

Og her, i Melkeveien, markerer et hvitt punkt vårt solsystem. En galakse med en estimert masse på 10 til 12 solmasser.

Derfra går vi nedover: fra solsystemet til planeten Jorden, fra Jorden til landet ditt, fra landet ditt til byen din, fra byen din til nabolaget ditt, fra nabolaget ditt til gaten din... og til slutt, hjemmet ditt.

Nå fortjener du å stoppe opp og puste.

Jeg vet at denne boken er lett å lese fordi du er lidenskapelig opptatt av disse temaene, men ikke lukk den inne i deg selv. Del den. Snakk om den. Ikke la sannheten stagnere. Bryt Matrix med stemmen din.

Når vi forstår hvor i universet vi befinner oss, gir alt mening... og samtidig gir ingenting mening. Tenk på det: hvis du og jeg er praktisk talt ikke-eksisterende på galaktisk skala, hvorfor skulle det ikke finnes planeter som er hundre ganger større, med vesener som er 15, 20 eller til og med 100 meter høye? Eller romskip som får våre skyskrapere til å se ut som leketøy?

Det kan høres vanvittig ut hvis du tenker på det som en isolert idé. Men med all konteksten du nå har, virker det fortsatt umulig? Hvis du ikke er noe, men samtidig en del av helheten... hva ville da være umulig for deg å være, gjøre eller ha?

SANNHETEN ER ALLEREDE I DEG

Nå vet du det. Du lever det. Og for at denne sannheten skal spre seg – og du med den – er det din oppgave å dele den.

For å kjenne sannheten, er det nok å leve. Og for å lære å leve, har du hele første kapittel i denne boken. Sjelen begynner å leve når du slutter å drive med strømmen og tar ansvar for å være i live.

La oss nå gå videre. For det er noe mer. Noe som står over alt og alle. Noe som ikke forstår seg på rom, tid eller materie. Noe du aldri vil kunne forstå fra egoet... men som er det eneste som holder deg i live.

Jeg skal fortelle deg sannheten om **Gud**, fra et perspektiv du kanskje aldri har vurdert før. La oss integrere, en gang for alle, ingenting og alt.

GUDENS SANNHET

Fra dette punktet er ordene ikke lenger forklaringer, men nøkler. Det du nå skal lese, kan ikke forstås med sinnet... det gjenkjennes med sjelen. Og hvis du ikke forstår noe, gjør det ikke noe, for du kom ikke hit for å forstå: du kom for å huske. Når noe vibrerer inni deg, selv om du ikke vet hvorfor, er det fordi du allerede visste det. Du hadde bare glemt det.

I den frie viljen vi beveger oss i, har vi evnen til å bestemme. Men uansett om vi hører det eller ikke, ser det eller ikke, føler det eller ikke, er Gud alltid til stede. Og tenk ikke på Ham som noe man kan tenke på: det er ikke mulig. Jeg gjentar: å prøve å koble seg til disse ordene fra det rasjonelle sinnet ville innebære dets ødeleggelse. Det du leser her kan virke som galskap, og du har all frihet til å føle det slik. Men si meg: tror du jeg kunne ha skrevet denne boken hvis du ikke leste den? Hvis du svarer ja, hvordan ville du da vite at denne boken eksisterer? Og hvis den ikke eksisterte, hvordan kunne jeg ha skrevet den? I dette paradokset ligger Guds fotavtrykk.

INGENTING ER TILFELDIG

Alle prosesser som skjer i verden er et resultat av vårt uendelige sinn. Ingenting skjer «bare fordi», og ingenting skje t ved en tilfeldighet. Det er alltid noe tidligere som støtter det. Det tidligere kan vi kalle Gud, synkronisitet, uendelig intelligens, guddommelighet.

I begynnelsen resonnerte jeg mer med å kalle det «universet», «energien», «livet», fordi jeg lenge assosierte «Gud» med den rigide figuren som kristendommen solgte oss, siden jeg ble født inn i den kulturen. Men du vet: det finnes mer enn to tusen kjente religioner, og til syvende og sist oppfinner hvert menneske sin egen. For det finnes ikke bare én måte å se ting på.

Ja, det er merkelig at noen som har skrevet en bok med tittelen *Den eneste sannheten* sier det. Der ligger nettopp nøkkelen til dette møtet: du leser *Den eneste sannheten*, jeg tror jeg skriver den. Du tror at denne sannheten er min; jeg tror at det er du som kan oppdage den.

Vi er bare deler av den samme splittede tanken, fordi vi fortsatt tror at det er noen der ute som lytter til oss, eller at det er noen å lytte til. Jeg har skapt deg for at du skal lese denne boken, selv om jeg egentlig har skrevet den til meg selv.

Hva er forskjellen mellom deg og meg? Mange? Kanskje. Og nå igjen: hva er forskjellen mellom deg og meg? Egentlig ingen.

Vi er to separate dråper som tror at vi ikke er en del av det enorme havet som holder oss oppe. Slik spiller vi dette spillet mesteparten av tiden.

Den samme tanken som gir opphav til spørsmålet, er også den som inneholder svaret, fordi begge allerede finnes i tanken. Alt henger nøye sammen. Tankene høres og gir gjenklang i evigheten i den uendelige bevissthetskilden som vi alle tilhører.

Den bevisstheten, den allmakten, er Gud. Det vi ikke forstår, det vi ikke begriper, det vi føler. Det som får oss til å åpne øynene hver dag uten å vite hvordan, det som får oss til å sovne uten at vi merker det. Den umerkelige forbindelsen som holder alt sammen.

Etter å ha lyttet til mange forskjellige versjoner om Gud og eksistensen i lang tid, kom jeg endelig frem til et solid grunnlag for skapelsen. Jeg har alltid ønsket å vite hva som ligger bak alt og ingenting, og hva som forbinder dem. Og så oppdaget jeg en ny begynnelse, begynnelsen som avslører at...

VERDEN BLE SKAPT UT FRA VIBRASJON

Og den vibrasjonen er ren lyd. Kanskje mange av dere som leser disse sidene anser dere som ateister, og kanskje andre føler at det finnes noe utenfor som ikke kan forklares. Uansett hvor du befinner deg når du leser dette, går det som følger langt utover det du noen gang har forestilt deg under ordet «Gud».

> *«Alt ble skapt av en opprinnelig frekvens. En vibrerende intensjon, en ordnende energi, en kreativ puls.»*

Vi skal gå dypt inn i ditt indre. Jeg tror det er nødvendig for å etablere en klar bevissthet som gjør at du fra nå av kan fortsette å spille livets spill fra et annet nivå. Vi har allerede snakket om mange temaer, mer eller mindre kontroversielle, men hvis du klarer å føle innholdet i denne delen, vil alt du har lest tidligere bare være et supplement til din egen eksistens.

Du vil se at du ikke lenger trenger å lete, at det ikke finnes noen sannhet utenfor deg selv og at du ikke trenger å fortsette å jakte på svar. Denne siste delen kunne vært en hel bok, men en av de som trenger få sider for å avsløre det essensielle, fordi det kommer et punkt hvor ord blir unødvendige.

Jeg vil bare si én ting: jo mindre du forstår med hodet hva du leser her, jo mer vil du ha forstått... fordi dette budskapet ikke kommer fra meg til deg, men fra deg selv til deg selv.

La oss da åpne noen dører til virkeligheten som opprettholder denne verden.

Dør 1: Lyden som formskaper

Erik Larson skapte en maskin som lar ham «se» lyden. Ja, se med øynene det som normalt bare høres. Dette apparatet, kjent som Cymascopio, bruker vann og vibrasjoner for å vise hvordan hver lyd genererer en form. Som om hver musikalske tone tegner en usynlig mandala i vannet. Det virker som magi, men det er vitenskap: lyden etterlater spor, selv når du ikke ser den.

Her er noen av bildene som er tatt med Cymascopio:

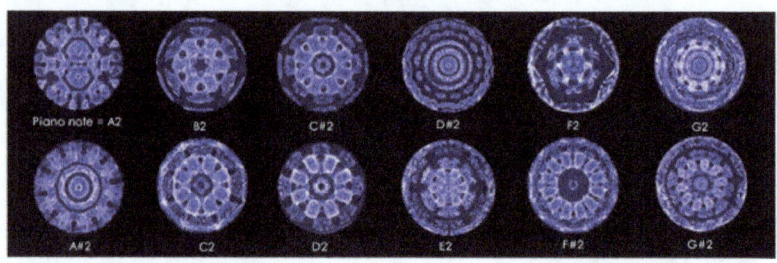

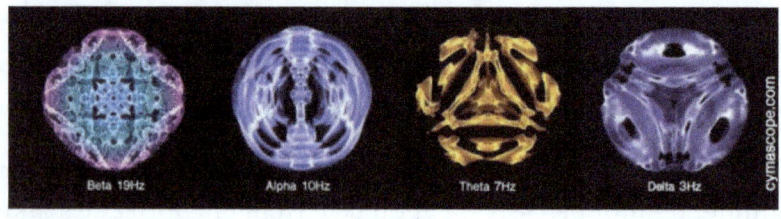

Cymascopio produserer ikke lyder, det avslører dem. Det fungerer som en oversetter som gjør det usynlige synlig, og etterlater mønstre som ser ut som malerier laget av musikk. Dette kalles «synlig musikk», fordi du bokstavelig talt kan se hvordan det høres ut.

Og hvis det fortsatt er vanskelig å forestille seg hvordan en vibrasjon kan gi opphav til materie, er det bare å huske en av de eldste tekstene som menneskeheten har bevart:

«La det bli lys, og lyset ble til ...» *(1. Mosebok 1:3)*

Lyset oppstod ikke ved en tilfeldighet: det oppstod fordi det ble uttalt. Lyden kalte på det. Og dette mønsteret gjennomsyrer alt: det du navngir, aktiveres, det som vibrerer, manifesteres.

I et annet eksempel fra Cymascope ble den menneskelige stemmen projisert, og jeg anbefaler å se den videoen på deres offisielle nettside (Cymascope.com). Der kan man se hvordan stemmen i seg selv har skapende kraft, på samme måte som hver eneste tanke vi har. Derfor forandrer bevissthet om våre tanker direkte vår energi.

Det antas til og med at noen av formene generert av Cymascopio inspirerte religiøse symboler som det **koptiske korset** eller det **keltiske korset**.

Koptisk kors og keltisk kors

Den indre sirkelen i disse representasjonene indikerer tydelig at de gamle visste at kilden til skapelsen var selve lyden, og de brukte den i sine symbolske og åndelige systemer.

Kraften i lyd er så åpenbar at den gjorde det mulig for **Royal Raymond Rife** å helbrede kreftpasienter, på samme måte som den – som vi allerede har undersøkt – gjorde det mulig å oppføre mange av de megalittiske konstruksjonene som fremdeles forundrer arkitekter og ingeniører.

Hvis lyd kan danne perfekte mønstre i vann... forestill deg hva den gjør i din egen kropp, som for det meste består av vann.

Hvert ord du uttaler, former ditt energifelt. Hver følelse du vibrerer, hver tanke du gjentar, former din virkelighet med matematisk presisjon.

Du avgir ikke bare lyd: du **er lyd i bevegelse.**

Dette prinsippet er ikke teoretisk. Det er praktisk. Det er hverdagslig. Og derfor er det hellig.

De gamle visste dette. De brukte det i arkitekturen, i symbolene, i sangene, i språkene sine. I dag har vi glemt det , men det er nok å se på det usynlige igjen for å huske det.

Spørsmålet som gjenstår er enkelt:

Hvilken frekvens genererer du med stemmen din, tankene dine og tilstedeværelsen din? For hvis du ikke velger det bevisst... er det noen andre som allerede velger det for deg.

Og ikke bare det. Hvis du ikke tar ansvar for hva du slipper inn i energifeltet ditt – det du hører, det du ser, det du konsumerer – vil du fortsette å programmere deg selv uten å engang innse hvorfor du er som du er, hvorfor du tenker som du tenker eller hvorfor du har det du har. Det mest merkverdige av alt er at 98 % av menneskeheten fortsatt tror at tankene deres er deres egne.

Sannheten er en annen: hvis du lever i et miljø hvor søtt er normen, kommer ikke din lyst på is fra din «personlige smak», men fra den konstante programmeringen som har normalisert sukker som belønning eller nytelse. Hvis alle på jobben klager, snakker om krise og gjentar at «livet er hardt», kan du tro at dine tanker om knapphet er dine egne... når de i virkeligheten er ekko av omgivelsene. Hvis det vanlige i dine relasjoner er manipulasjon, avhengighet eller drama, er dine ideer om kjærlighet ikke frie: de er arvede mønstre.

Og det mest åpenbare eksemplet er foran deg hver dag: sosiale medier. Det er nok å se på Instagram- eller TikTok-historikken til hvem som helst for å vite hva vedkommende vibrerer med, hva vedkommende ønsker og hva som påvirker vedkommende. Hvis du omgir deg med tomt innhold, dans, prangende forbruk eller kontroverser, er det det som programmerer sinnet ditt. Det er ikke bare videoer: det er mikrodoser av programmering som former dine ønsker, dine overbevisninger og til og med hva du anser som mulig for livet ditt.

Derfor handler det ikke bare om hva du sier. Det handler om hva du mottar, hva du aksepterer og hva du konsumerer hver dag. Ditt energifelt former din virkelighet med matematisk presisjon. Hvis du ikke velger det bevisst, er det noen andre som velger det for deg.

Dør 2: Vannet, Guds speil i deg

Tenk på dette: når du går ut i havet, en elv eller under en varm dusj... blir noe ordnet. Sinnet roer seg. Klarheten øker. Ideer kommer. Kroppen kommer hjem. Det er ikke tilfeldig. Vann renser ikke bare: det gjenoppretter kanalen. Og den kanalen er deg.

Hvis lyd er skapelsens verktøy, så er vann det reneste materialet for å motta det. Og du er vann. Ikke som en metafor, men bokstavelig talt. Din fysiske kropp består av mer enn 70 % vann. Og hvis vi teller molekyler, er 99 % av det som utgjør deg også vann. Men det vannet er ikke der ved en tilfeldighet: det venter på ordrer. Ordrer som du gir med ditt ord, din følelse, din tanke og din intensjon.

Hver gang du sier noe, føler noe eller tror noe, informerer du vannet som bor i deg. Og det vannet lagrer minner, overfører vibrasjoner, strukturerer energien din. Derfor, når du hører på musikk, ber, bekrefter eller forbanner, gjør du ikke noe symbolsk: du omprogrammerer din vibrasjonsbiologi i sanntid.

Har du noen gang lagt merke til at dine beste ideer kommer i dusjen, på stranden eller i regnet? Nå forstår du hvorfor. Vannet løsner kontrollen. Det reduserer tankebølgene. Det stemmer seg inn på din essens. I denne tilstanden av indre sammenheng kommer det sanne frem uten motstand. Det er ikke slik at vannet gir deg svar: det lar deg huske dem.

Naturen vibrerer med en grunnfrekvens på 432 Hz. Det er den samme frekvensen som resonerer i lyden av vinden, i fosser, i hjerteslagene til et rolig hjerte. Den frekvensen – når du hører den, synger den eller bare lever i den – bringer deg i samklang med livets opprinnelige puls. Det religionen kaller Gud, det fysikken kaller koherens, det sjelen din kjenner igjen som hjem.

Hvis du er laget av vann, og vannet reagerer på vibrasjoner, er det ikke noe mysterium: hvert ord du uttaler, hver intensjon du har, former kroppen din, feltet ditt, dagen din og skjebnen din.

> *«Universet hører deg ikke når du roper. Det hører deg når du vibrerer. Og hver gang du vibrerer med sannhet, vet vannet inni deg det. Og det skaper.»*

Dør 3: Elektronet er ikke materie, det er vibrasjon

Se på dette bildet:

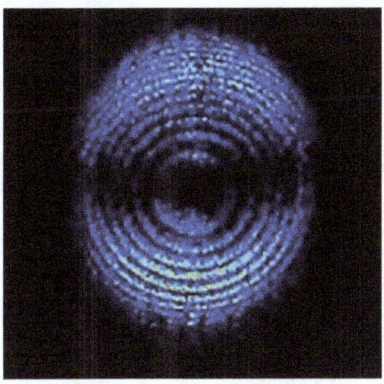

IONISERTE ELEKTRONER I FORSKJELLIGE LYSFASER.
BILDE TATT AV J. MAURITSSON ET AL., 2008.

Ved første øyekast ser det ut som et foto, men det er det ikke. Det vi ser er et stroboskopisk bilde av et elektron ionisert av lyspulser i forskjellige faser. Det vi observerer er ikke en partikkel i ro, men en energisk dans: en vibrerende respons på lysfeltet som går gjennom det.

Hvor er partikkelen? Den er ikke der. For det finnes ikke noe som heter en «fast form» i skapelsens grunnlag. Det vi ser her, er en frekvens som reagerer på en annen frekvens. En vibrasjon formet av en annen vibrasjon.

Dette er ikke en spirituell metafor. Det er vitenskap. Det er kvantefysikk. Det er et bilde som avkrefte illusjonen om at materie er noe fast. **Selv elektronet, den antatte byggesteinen i virkeligheten, er ikke annet enn en bølge i bevegelse. Et ekko av intensjon.**

Tesla var tydelig i sin holdning: Han uttrykte ved flere anledninger sin uenighet med den atomære teorien om materie. Noen kilder siterer ham på at han ikke trodde på elektronet slik det beskrives i moderne vitenskap, men at han betraktet materie som en mer kompleks manifestasjon av energi, styrt av vibrasjonsprinsipper som vi ennå ikke forstår fullt ut.

Einstein stilte også spørsmål ved dette. Han påpekte at hvis elektronet eksisterte slik det beskrives i den klassiske teorien, burde dets egne indre krefter få det til å kollapse eller gå i oppløsning... med mindre det fantes en annen kraft som ikke var tatt i betraktning. Med andre ord advarte han om at forståelsen av elektronet var utilstrekkelig, og at vi sannsynligvis feiltolket en av materiens grunnpilarer.

Han, sammen med mange andre forskere, oppfinnere og forskere fra de siste to århundrene, reiste alvorlige innvendinger mot den tradisjonelle ideen om elektronet og den atomstrukturen som systematisk er pålagt i utdanningssystemet.

De fleste tar det for gitt bare fordi de tror at den som underviser i det «vet mer» eller «ikke kan lyve for oss». Men historien viser oss noe annet.

Hvorfor er dette viktig?

Fordi hvis elektronet – den antatte byggesteinen i materien – ikke er en fast partikkel, men en vibrasjon... så er du det også. Og hvis du er vibrasjon...

så er du ikke en ting. Du er ikke en fast kropp, ikke et fast objekt som er tapt i rommet. Du er ren frekvens. Du er et dynamisk mønster, som en sang som bare eksisterer mens den spilles. En bølge som utfolder seg i bevegelse.

Og hva betyr dette i ditt daglige liv? At alt du sender ut – tanker, følelser, ord – endrer symfonien i ditt energifelt. Din helse, din økonomi, dine relasjoner og til og med klarheten i ditt formål avhenger ikke av å skyve ting ut, men av å bevege frekvensen som opprettholder disse tingene.

Å endre vibrasjonen er ikke en poetisk metafor: det er den mest virkelige vitenskapen som finnes. Kvantefysikken beskriver ikke lenger elektroner som «byggesteiner» i materien, men som sannsynligheter og bølger som reagerer på observatøren. Hvis grunnlaget for materien vibrerer, vibrerer du også.

Fra nå av, slutt å spørre deg selv bare «hva må jeg gjøre?» og begynn å spørre deg selv: «Hva ville skje hvis jeg begynte å leve hver dag som vibrasjon, i stedet for som ting?»

For du er ikke her for å høres bra ut foran verden. Du er her for å resonere med Sannheten.

Dør 4: Det skjulte mønsteret i menneskets geometri

En samtidskunstner publiserte en video på kanalen sin hvor han viste hvordan mennesker er holografiske og fraktale programmer som er perfekt designet. For første gang kan dette sees grafisk på en veldig tydelig måte, siden videoen viser hvordan tre av tegningene hans med fraktale former ender opp med å danne et menneskelig ansikt.

Videoen heter «Out of all things one, and out of one all things» og ligger på **Petros Vrellis'** YouTube-kanal. Først viser han disse tre bildene:

Deretter setter han sammen det midterste bildet med det til venstre, og dette vises:

Til slutt, når han legger til det tredje, dukker det opp et klart bilde av en liten jente.

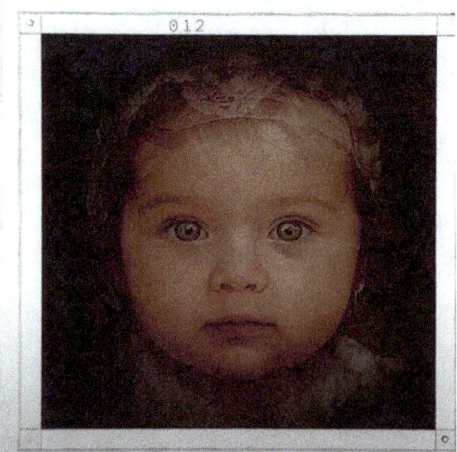

Hvorfor er dette overraskende?

Tenk deg at du har tre rare tegninger, som spindelvev eller meningsløse kruseduller. Når du ser dem hver for seg, virker de kaotiske. Men når kunstneren legger dem oppå hverandre, som om han setter sammen et usynlig puslespill, dukker plutselig ansiktet til en jente opp. Som ved et trylleslag.

Det er som om Gud hadde gjemt bildet i disse formene, og ventet på at noen skulle sette dem sammen med tålmodighet og kjærlighet for å avsløre det.

Og det mest forbløffende: **vi fungerer på samme måte**. Vi er laget av usynlige biter – linjer, følelser, fragmenter – og når de settes sammen, dukker det virkelige «jeg» opp.

Derfor forstår du noen ganger ikke hva du føler eller hvorfor du er som du er. Men hvis du lærer å sette sammen delene dine, å se på deg selv med kjærlighet, vil du en dag se deg selv som hel. Og det... er vakkert.

Disse formene er ikke tilfeldige. I naturen gjentar det samme seg i forskjellige skalaer: galakser som ligner øyne, nøtter som minner om menneskehjernen, tregrener som etterligner nevrale nettverk. Dette speilet mellom mikro og makro er et stille hint om at alt ble skapt med et samlende mønster som gjenspeiles fra det minste til det største.

Dør 5: Steinene snakker

I århundrer har gamle kulturer etterlatt seg budskap inngravert i stein. Det var ikke bare religiøse ornamenter eller kulturelle symboler: det var vibrasjonsteknologi. Lyden, frekvensen, geometrien og energien fra jorden og sol t ble kodet i strukturer som fortsatt er aktive i dag.

Spørsmålet er ikke om de er ekte, men om vi er klare til å se dem for hva de virkelig er.

Et av de klareste eksemplene er steinsirklene som er funnet i forskjellige deler av verden. Mange av dem gjenskaper **kimatiske mønstre**, det vil si figurer som dukker opp når en lydfrekvens vibrerer på en overflate. De representerer jordens vibrasjon på bestemte punkter.

I flere tilfeller ble disse sirklene reist over områder med høy elektromagnetisk energi, og deres utforming gjenspeiler formen på magnetroner: enheter som kan omdanne elektrisitet til mikrobølger. *En magnetron i stor skala kunne generere mer energi enn alle kraftverkene på planeten til sammen.*

I Sør-Afrika finnes det tusenvis av dem. Den mest kjente er **Adams kalender** i Mpumalanga, Sør-Afrika: en steinsirkel med en diameter på rundt 30 meter, som antas å være over 75 000 år gammel. Mange forskere mener at alle steinsirklene i regionen er forbundet med hverandre, og at frekvensene deres konvergerer i dette sentrale punktet.

Adams kalender, Sør-Afrika.

Denne typen bevis endrer fortellingen fullstendig. Det handlet ikke om «primitive sivilisasjoner», men om kulturer som forsto lovene om vibrasjon og energi bedre enn oss. De visste at stein lagrer informasjon, reagerer på lyd og forsterker energi. De brukte den ikke fordi det var det eneste som var tilgjengelig, men fordi det var det mest effektive.

Borobudur-strukturen i Indonesia er ikke bare et tempel: det er en maskin bygget i stein. Dens symmetri reagerer på solens bevegelse og jordens vibrasjoner. Den er innrettet for å oppfylle en bestemt funksjon.

Borobudur, Indonesia

Stonehenge, selv om det i dag er delvis rekonstruert, har fortsatt et design basert på resonans og symmetri. Det ble ikke reist bare for å se på stjernene, men for å samhandle med usynlige frekvenser.

Stonehenge, England

Hvis du sammenligner luftbilder av gamle templer med moderne kretskort, vil du se at mønsteret gjentar seg. De var ikke tilbedelsessteder i tradisjonell forstand: de var **energisystemer**, store frekvensplater designet for å motta, forsterke og distribuere energi. Som enhver teknologi ville gjort... men med en kunnskap som vi først nå begynner å ane.

Det samme gjelder pyramidene. Og **Sacsayhuamán** i Peru, hvis struktur sett fra luften ikke ser ut som en festning, men som et trykt kretskort.

Sacsayhuamán, Peru

Men hva har alt dette med ditt daglige liv å gjøre?

Alt.

Hvis disse strukturene var vibrasjonsteknologi, betyr det at jorden sender ut koder hele tiden. Budskapet er klart: hvis stein kan lagre informasjon og resonere med lyd, kan kroppen din også det.

Du er en antenne. Hvert ord du uttaler, hver følelse du føler, hver tanke du har, former ditt energifelt på samme måte som disse konstruksjonene formet planetens felt.

Det innebærer at hjemmet ditt kan være et tempel. At kroppen din kan fungere som en aktiv pyramide. At din daglige rutine, hvis den er riktig innrettet, blir et verktøy for manifestasjon.

Og det er ikke symbolsk: det er bokstavelig.

Kroppen din har også et elektromagnetisk felt, målbart og reelt, som utvider seg eller trekker seg sammen avhengig av din følelsesmessige tilstand. Frykt trekker det sammen. Kjærlighet utvider det. **Hjertets felt kan være opptil fem tusen ganger sterkere enn hjernens.** Og det vibrerer ikke bare: det modulerer virkeligheten rundt deg.

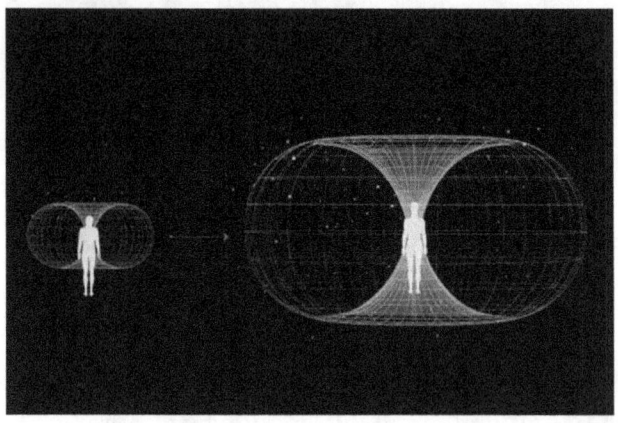

Venstre: frykt trekker seg sammen. Høyre: kjærlighet utvider seg.

Det samme prinsippet som gamle sivilisasjoner brukte med stein og lyd, skjer inne i deg. Forskjellen er at nå vet du det. Og når det er bevissthet, er det makt.

Så det virkelige spørsmålet er ikke: «Hvorfor løy de til oss om de gamle strukturene?», men:

— Er jeg villig til å utforme livet mitt som et energisystem i tråd med Kilden?

— Er jeg klar til å ordne tankene, følelsene og handlingene mine slik en hellig byggmester ville gjort?

— Lever jeg som en kanal... eller som et hinder?

For til syvende og sist overføres ikke sannheten med ord.

Den overføres med vibrasjon.

Dør 6: Ekte vibrasjonsteknologi

Vi har allerede sett at jorden vibrerer. At lyd gir form. At steiner kan lagre informasjon. Men jeg vil understreke at det mest kraftfulle ikke er at universet har en vibrasjon... men at du også har det. For du er ikke bare en del av skapelsen: du skaper også. Vi gjør det alle, enten vi er bevisste på det eller ikke. Og det skjer gjennom tankene, for alt som går gjennom hodet ditt har en frekvens.

Vi er ikke bare antenner som mottar informasjon; vi opprettholder og utvider den også. Det betyr at du ikke bare er her for å overleve: du er her for å stille inn. For å velge hvilket felt du vil koble deg til.

Gjennom historien har noen mennesker oppnådd noe som virker umulig: å leve i uavbrutt kontakt med Kilden. Ikke fordi de var spesielle, eller fordi de trodde på noe utenfor seg selv, men fordi de husket hvem de var og handlet ut fra det, uten distraksjoner.

En av dem var Jesus. Men glem det bildet de solgte deg. Jesus kom ikke for å bli tilbedt. Han kom for at vi skulle huske ham i oss selv. Da han sa: «Jeg er veien, sannheten og livet. Ingen kommer til Faderen uten gjennom meg», snakket han ikke om seg selv som person. Han snakket om tilstanden han levde i: total enhet, bevisst kjærlighet, nærvær uten separasjon.

Og han var ikke den eneste revolusjonæren. Krishna uttrykte det på en annen måte: «Når et menneske ser alle vesener som seg selv og seg selv som et helhet , da er det ikke lenger frykt.» Buddha var like klar: «Det er ingen vei til fred... fred er veien.»

I Mexico helbredet Pachita, som kanaliserte Cuauhtémoc, kropper med en rusten kniv og en visshet: det var ikke hun som helbredet, det var Kjærligheten som virket gjennom henne.

Ulike ansikter. Ulike navn. Samme frekvens...

> «Veien er ikke en tro. Den er sammenheng.
> Sannheten er ikke en idé. Den er vibrasjon. Livet
> er ikke bare å være i live. Det er å huske at alt er
> forbundet av det samme lyset.»

Å inkarnere Kristus, Krishna, Buddha eller ånden til en forfader er ikke å gjenta navnet deres: det er å leve fra den tilstanden. Ja, ordet har kraft. Når du uttaler disse navnene, bringer du energien deres til nåtiden. Men den virkelige virkningen ligger ikke i selve ordet, men i hvem som sier det, med hvilken intensjon og fra hvilket bevissthetsnivå.

Når du velger denne tilstanden, trenger du ikke lenger å «nå» Faderen. For du har aldri forlatt ham. Kjærlighet er ikke en vei til Gud: det er erkjennelsen av at det aldri har vært noen separasjon.

La oss nå gå litt dypere for å knytte sammen disse punktene. Ifølge Dr. David R. Hawkins vibrerer alt i universet på en målbar skala. Det vi føler, tenker, sier og holder fast ved, skaper et felt. Jesus, som bevissthet, kalibrerte over 1000, det høyeste på skalaen for menneskelig bevissthet. Ikke som religiøs figur, men som en ren tilstand av enhet med Vesenet.

Derfor øker det din frekvens umiddelbart å tenke på ham, snakke om ham eller påkalle hans navn fra kjærlighet – og ikke fra frykt.

Setninger som «Ved hans sår er jeg helbredet», «Alt kan jeg i Kristus som styrker meg» eller «I Jesu navn befaler jeg deg...» er ikke tomme bønner. De er *vibrasjonskommandoer.* Nøkler. Ikke fordi Jesus er en amulett, men fordi feltet som aktiveres når du vibrerer med den vissheten, bokstavelig talt forvandler energien din.

Og hvorfor skjer ikke det samme med Krishna eller Buddha? Ikke fordi de har mindre kraft – de kalibrerte også nær 1000 på bevissthetsskalaen, et svært hø t nivå av hengivenhet – men fordi deres kulturelle felt ikke er så til stede i det kollektive ubevisste i Vesten. Hvis du vokste opp med bilder av Jesus som helbredet, tilga og gjenopplivet, er kroppen, sinnet og det emosjonelle feltet ditt allerede programmert til å stemme seg inn på den vibrasjonen. Det samme skjer i India med Krishna, eller i Asia med Buddha. Det som aktiverer miraklet er ikke navnet i seg selv, men samspillet mellom intensjonen din og frekvensen du påkaller.

I Japan, for eksempel, er mantraet «Namu Myōhō Renge Kyō» (som kan forstås som «jeg dedikerer meg og stiller meg i tråd med den mystiske loven i Lotus-sutraen») fra Nichiren-buddhismen ikke bare en mekanisk repetisjon: det er vibrasjonen som stiller utøveren i tråd med den universelle loven i Dharma, med den skapende energien som opprettholder all eksistens.

I Kina fungerer **Qigong-praksis** og taoistiske sangene på samme måte: lyden er ikke pynt, den er energi kondensert i vibrasjon, som frigjør Qi-strømmen og harmoniserer den med Tao, kilden til den kosmiske orden.

Prinsippet er alltid det samme: språket, tradisjonen eller symbolet spiller ingen rolle. Det som åpner døren er ikke ordet i seg selv, men den bevisste vibrasjonen det uttales med.

Derfor sa Hawkins at det viktige ikke er hvem man ber til, men *fra hvilket bevissthetsnivå man gjør det*. Den som ber fra frykt, senker sin frekvens selv om han bruker det «riktige navnet». Den som vibrerer fra kjærlighet, forvandler sitt felt selv uten å si et ord.

Dette er ikke religion. Det er heller ikke overtro. Det er **ekte vibrasjonsteknologi**, og den er tilgjengelig for alle som velger å bruke sitt ord med sannhet.

Du trenger ikke å be til noen for å få kontakt med Gud. Men hvis navnet Jesus, Krishna, Maria, et mantra, et kors eller et ord løfter deg opp... bruk det. Ikke fordi det er magisk, men fordi du velger å vibrere med bevissthet. Og bevissthet, når den er autentisk, forvandler absolutt alt.

Den siste døren: Guds fem ansikter

Du vibrerer ikke bare. Du er laget av vibrasjon. Hver del av kroppen din er et konkret uttrykk for energien som opprettholder universet. Det er ikke et symbol: det er en levende struktur som gjenspeiler den samme intelligensen som danner galakser. Og denne strukturen består av fem essensielle prinsipper: **elementene**.

Eteren er rommet som inneholder alt. Den kan ikke sees eller berøres, men den er overalt. Det er den som gjør at vibrasjonen kan manifestere seg. Det er det usynlige feltet hvor skapelsen skjer. Når du føler noe ekte uten å kunne forklare det, er du koblet til eteren.

Luften er livets første handling. Du puster uten å tenke over det, men hvert åndedrag er en inn- og utgang av nærvær. Uten luft er det ingen bevissthet i materien.

Vann er dens viktigste komponent. Kroppen din, følelsene dine og minnet ditt er laget av vann. Og vannet reagerer på vibrasjonen du opprettholder. Hver tanke, hvert ord, hver følelse strukturerer kvaliteten på dette vannet. Derfor går ikke det du tenker og føler tapt: det blir innprentet.

Ilden er energien som driver deg. Det er viljen til å forvandle, lidenskapen, besluttsomheten, drivkraften mot det sanne. Den er ikke utenfor: den er i hjertet ditt, i ditt elektriske felt, i det dype ønsket om å leve med mening.

Jorden er kroppen din. Ikke som noe atskilt fra sjelen, men som dens manifestasjon. Beina dine er struktur. Huden din er grense. Fordøyelsen din er intelligens. Jorden er alteret hvor alt annet tar form. Og når du bebor kroppen din med bevissthet, gjør du det hverdagslige hellig.

Disse fem elementene er ikke løse spirituelle begreper. De er den konkrete måten Gud virker på i deg. De er ikke der ute. **De er deg**. Lyden, pusten, følelsen, energien, kroppen: alle er deler av den samme inkarnerte bevisstheten.

Hvis du noen gang har lurt på hvordan Gud ser ut... se på deg selv.

Ikke med egoet, men med nærvær. For **Gud gjemmer seg ikke**. Han gjentar seg.

Nå som du vet at du er laget av de samme elementene som opprettholder livet, kan du observere det. Ikke med intellektet, men med klarhet.

«Som det er ovenfor, er det nedenfor. Som det er innenfor, er det utenfor.» — Hermes Trismegistos

Hvilket bilde er nøtten og hvilket er hjernen?

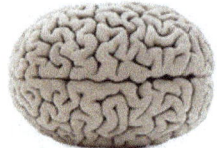

Fingeravtrykket og trestammen ligner litt på hverandre...

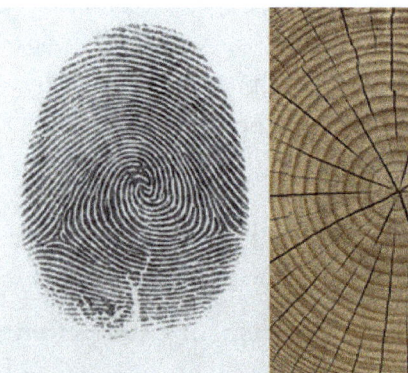

Fra oven ser en elv ut som våre årer...

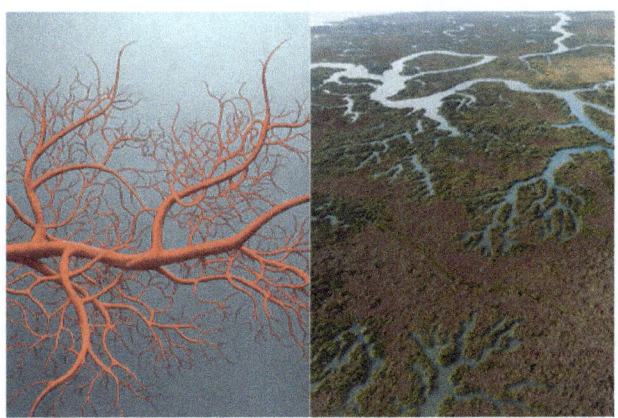

Ser du en galakse eller et menneskeøye?

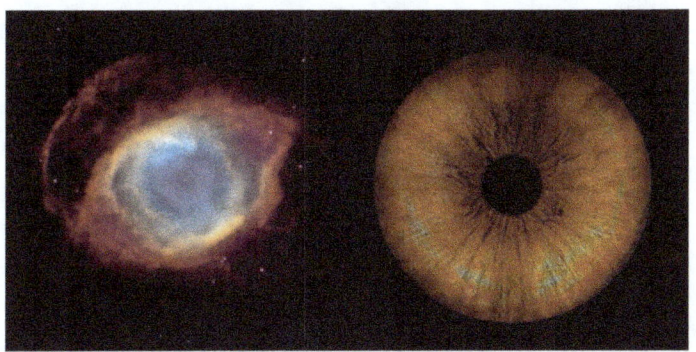

Helix-tåken og et menneskeøye

Fødselen av en celle minner om fødselen av en kolossal stjerne.

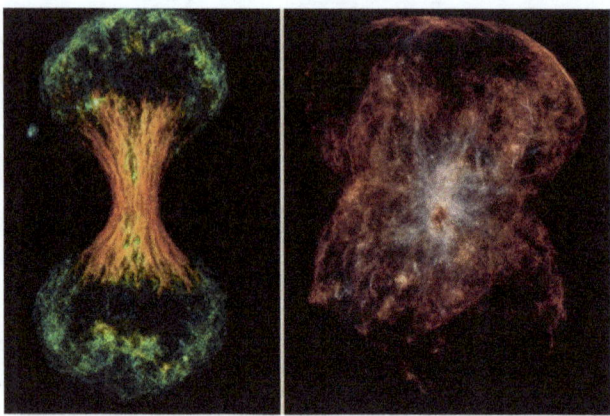

Hjernens celler ser identiske ut med det forstørrede bildet av universet.

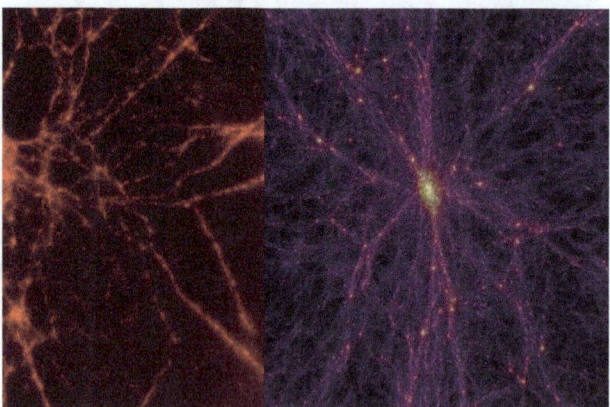

En lunge eller en gren? Begge deler.

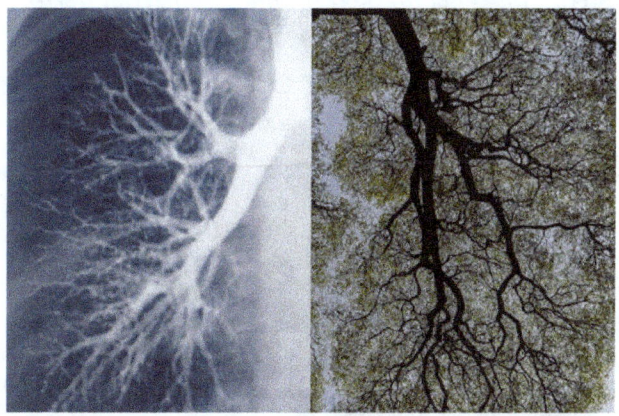

Nervesystemet vårt har samme mønster som et lyn.

Dette er den virkelige galskapen: å forstå at **vi er alt som finnes**. Denne åpenbaringen trenger ingen forklaring, det er nok å undre seg, lukke øynene og huske Opprinnelsen. Den samme Opprinnelsen som et blad, et lyn, et tre, stjernene du ser på himmelen og alle mennesker som bor på jorden.

> *«Gud designet alt med samme geometri... derfor designet han også deg med det samme mønsteret.»*

Se på følgende:

Jeg skal forklare det.

I kolonnen til venstre: **Livets blomst**. Det du ser her er utviklingen av Livets blomst. Dette gamle symbolet finnes i ulike kulturer gjennom historien, og representerer sammenhengen mellom livet og skapelsen av universet. Det finnes på steder som Osiris-tempelet i Abydos, Egypt, og dukker også opp i keltisk, kinesisk og romersk kunst og i middelalderske manuskripter.

Denne kolonnen viser hvordan energi ordner seg i universelle mønstre. Alt begynner med enheten... og derfra multipliserer livet seg etter en perfekt matematikk.

I den sentrale søylen: **Universet reflektert**.

Hver galakse, tåke eller stjerneeksplosjon gjenskaper de samme formene. Uansett skala: det vi ser der ute er det samme som vibrerer på det usynlige plan. Det er det visuelle beviset på at hele universet følger et mønster.

I høyre kolonne: **deg, fra begynnelsen**.

Den menneskelige cellen følger det samme mønsteret fra første øyeblikk. Det en stjerne gjør når den ekspanderer, gjør kroppen din når den begynner å eksistere.

Vi er laget av samme geometri som skaper verdener. Ikke ved en tilfeldighet, men fordi *vi er en del av det samme Hele.*

> *«Du er ikke atskilt fra helheten. Du er en funksjonell og bevisst kopi av den samme kilden som skaper alt.»*

Så hvem står bak alt det du vibrerer, føler og husker? Hvem designet en virkelighet der et ord, et symbol eller en tanke kan forme materien?

Det er naturlig at dette spørsmålet dukker opp. Men vær forsiktig.

For akkurat der støter vi på den største illusjonen av alle: å tro at Gud er noen vi må nå, definere eller finne.

Og når vi begynner å se dette klart, dukker et av de mektigste spørsmålene vi har stilt oss som art opp:

HVEM ER GUD, OG HVOR ER HAN?

«Gud er ikke et sted man kommer til. Han er koden som gjentas i alt som allerede er.»

Det å spørre «hvem er Gud» innebærer allerede en separasjon. Ordet «hvem» bygger på ideen om at Gud er et individuelt subjekt, noe eksternt, noe man kan peke på og definere. Men Gud er ikke et objekt eller en konkret figur. Gud er Altet. Man finner ham ikke. Man kjenner ham igjen.

Likevel bruker vi symboler for å nærme oss denne sannheten, fordi sinnet trenger bilder. Et av de mest brukte symbolene har vært treenigheten: **Faderen, Sønnen og Den hellige ånd**.

Ikke se på det som et dogme. Se på hva det representerer:

Faderen er det **høyere sinnet**: den høyeste delen av din intelligens, den som veileder uten å påtvinge, strukturerer uten å kontrollere og observerer uten å dømme.

Sønnen er **Kroppen**: den fysiske formen gjennom hvilken du inkarnerer, lærer, forholder deg til andre og manifesterer din vei i denne dimensjonen.

Den Hellige Ånd er det **subtile feltet**: det som ikke sees, men som opprettholder alt. Det er vibrasjonen som forbinder deg med det usynlige, med Kilden, med det evige.

De er ikke separate enheter eller noe å tilbe: de er aspekter av deg selv, refleksjoner av det samme sentrum.

Når sinnet ditt er i samklang med sannheten, kroppen din lever i nåtiden og ånden din er i kontakt, da er Gud til stede. Ikke som noe utenforstående, men som det du allerede er.

Så hvor er Gud? På samme sted som du er nå. Inne og ute. I pusten din, i blikket ditt, i hvert atom som utgjør kroppen din og i hver galakse som lyser på himmelen. Han er ikke skjult, han uttrykker seg i alt. Og når du slutter å lete etter ham som et sted å komme til, kjenner du ham igjen i hvert øyeblikk.

Det virkelige spørsmålet er ikke «hvem er Gud?», men:

«Er du villig til å erkjenne at det ikke er noen skille mellom Gud og deg?»

Alt som ikke vibrerer med denne vissheten... er ikke ekte. Det er bare en illusjon projisert av sinnet som glemmer sin opprinnelse.

GUD VERDEN ER DEN ENESTE VIRKELIGE

«Jeg tror ikke fordi jeg ser. Jeg ser fordi jeg tror på Ham.»

Etter å ha lest mye spirituell litteratur, forsto jeg at det ikke handler om å velge mellom det ene eller det andre. Å tro det bare foreviger separasjonen. Og hver gang vi skiller oss, glemmer vi. Formenes verden er illusorisk. Guds verden er ikke det. Gud er ikke delt. Gud er Én. Og i den Én er alt.

Faderen, Sønnen og Den Hellige Ånd er ikke hierarkiske figurer. De er dører til samme essens. Ulike manifestasjoner av samme energi som virker samtidig. Derfor kan vi se dem: fordi de er aktive. Fordi de er inne i oss.

Livet på jorden er, i bunn og grunn, et spill om separasjon. Vi kom for å glemme Enheten, for å kunne huske den gjennom erfaring. Det handler ikke om å klamre oss til det ytre, men om å huske at vi aldri har vært separert. Bare denne erkjennelsen kan bringe den freden vi så lenge har søkt utenfor oss selv.

Hvis du vil føle Gud, trenger du ikke lete lenger. Gå dypt inn i deg selv. Eller se på det uendelige universet. I begge ytterpunkter vil du finne det samme: et nøyaktig speilbilde av det du allerede er. Alt er skapt i ditt bilde og likhet. Du trenger bare å observere, berøre, lytte og føle livet med nærvær. Det er å gjenfinne sannheten som alltid har vært i deg.

Mennesket har evnen til å stille spørsmål ved det uforståelige. Og ofte prøver det å nå Gud ved hjelp av egoet. Men det fungerer aldri. Sinnet som tror det er atskilt, kan ikke forenes, fordi det alltid forestiller seg at det må «gå» et sted. Og det er ingen steder å gå. Alt er her. Alt er nå. Og denne erkjennelsen er i seg selv Guds verden.

JEG ER GUD, DU ER GUD

Du trenger ikke å gå ut for å lete etter Gud. Du er Gud. Men du trenger ikke engang å rote deg bort i troen på at «du er en Gud». *Du er* det ganske enkelt. Kanskje du tenker: «Det er vi alle». Men selv det «alle» er bare en idé. Det finnes ikke «alle». Bare du som tenker på deg selv som en del av Helheten.

Jeg var på nippet til å si at du ikke skal tro meg. Men hvis jeg gjorde det, ville jeg allerede skape en ny idé. Og du skaper allerede alt dette gjennom tankene dine. Ingen kan gjøre noe med det, bortsett fra deg.

La oss gå dypere. Spill med.

Kanskje du lurer på: «Hvis Gud kan alt, kan han da skape en stein som er så tung at ikke engang han selv kan løfte den?»

Ved første øyekast virker det som en logisk felle:

—Hvis han kan skape den, men ikke løfte den, er han ikke allmektig.

—Og hvis han ikke kan skape den, er han heller ikke det.

Jeg vil svare: Hva ville du gjort hvis du hadde den makten?

For alt handler om deg. Om hva du ville gjort, hva du velger, hva du bestemmer deg for å oppleve. Det spørsmålet utvider ikke sinnet, det forvirrer det. For det eneste som betyr noe, er ikke om Gud kan, men hva du velger.

Paradokset avslører ikke en feil hos Gud, men i den menneskelige måten å resonnere på. Vi prøver å måle det uendelige med en endelig linjal. Vi later som om det absolutte motsier seg selv innenfor grensene som er oppfunnet av et begrenset sinn.

Hvilken opplevelse ville du valgt å skape hvis du var Gud? En verden uten feil, uten kaos, hvor alt er perfekt og under kontroll? Eller en fri verden, hvor det finnes mulighet for ondskap, smerte, glemsel, forvirring... men også for minner, oppvåkning og bevisst kjærlighet?

For det er det vi har nå: en verden hvor vi kan velge. Og alt du ser, skaper du selv. Selv det du avviser.

Når noen spør «hvorfor tillater Gud ondskap?», glemmer de at den Gud... er deg. Det er du som tolker det gode og det onde. Vi ble programmert til å frykte døden og sette merkelapper på livet. Men er det ikke nødvendig å dø for å bli født på nytt?

Vi fordyper oss så mye i det vi «må gjøre» at vi glemmer det essensielle: vi vet ikke engang hvordan vi kommer til å våkne i morgen. Og likevel våkner vi. Hvordan gjør du det? Du vet det ikke. Det samme skjedde den dagen du ble født. Med unntak av eksepsjonelle minner eller regresjoner, husker 99,9 % ikke hvordan de kom hit.

Det er ekte informasjon: det er ikke det at vi er frakoblet; det er det at vi er for koblet til forvirringen. Den eneste sannheten er at du ikke vet, og kanskje aldri vil vite. Og det er det fine med det.

Livet er et konstant spill, og du spiller det slik du vil. Noen vil dømme deg, andre vil bli inspirert, andre vil angripe deg. Hva gjør det? Det er ditt liv, det er din sannhet, det er dine overbevisninger. Det viktigste målet er ikke å lure oss selv eller fortelle oss offerhistorier, men å ta kontrollen en gang for alle.

Se det slik:

Det var en gang en sjel som våknet opp i et enormt spill. Den visste ikke at det var et spill. Den bare levde, adlød, gjentok. Men noe inni den begynte å stille spørsmål. Ubehagelige spørsmål. Store spørsmål.

Med tiden begynte denne sjelen å se mønstre. Små tegn i støyen. Tilfeldigheter som var for mange til å være tilfeldige. Hvert skritt førte den nærmere en dyp intuisjon: alt dette hadde en plan. En logikk. Et skjult språk.

Så begynte hun å utforske kroppen sin, sinnet sitt, universet, hele livet. Det var som om hvert hjørne hadde spor etterlatt av en kjærlig Skaper som ikke påtvang noe, men tillot alt.

Og akkurat da hun trodde hun forsto hvordan spillet fungerte, støtte hun på det vanskeligste spørsmålet:

Hva om jeg må slutte å se bare på meg selv for å se Gud?

Det var da han forsto nøkkelen: for å se Gud måtte han først lære å være menneske. Med alt. Med lys og skygge. Med kjøtt og ånd. Med nærvær.

Bare på den måten – ved å legemliggjøre hele opplevelsen – ble sjelen et speil av Skaperen.

Og spillet ga endelig mening.

DEN ENDELIGE SANNHETEN

Mens jeg skrev denne boken, noterte jeg i notatboken min at jeg ønsket at andre kunne lese den, fordi den ga meg en ren og nesten barnslig glede over å oppdage uendeligheten og galskapen i verden vi lever i. Galskap i beste forstand... den som ryster, avbryter autopiloten og tvinger oss til å revurdere hvem vi er og hvorfor vi er her, så jeg er takknemlig for at du har kommet så langt i dette verket.

Denne verden er fantastisk. Ikke perfekt fra et intellektuelt synspunkt, men fra et sjelsynspunkt. Og jeg håper at nå som du er ferdig med å lese denne boken, kan du også føle det slik.

I dette spillet som kalles livet, er det ikke interessant å vinne, å bestå eller å frykte å tape, men bare å spille det med nærvær, med engasjement... og med kjærlighet.

Du er en karakter, ja, men du er også manusforfatter, regissør og tilskuer i denne filmen. Det er vi alle. Men noen ganger tar vi det så alvorlig at vi glemmer å le.

De sier at sannheten vil gjøre oss fri... men først vil den sannsynligvis gjøre oss ukomfortable. Jeg er klar over at det er kapitler som kan skape kontrovers, spørsmål eller til og med sinne. Det gjør ikke noe. Bare husk dette: din frihet avhenger ikke av hvor du er eller hvem du er sammen med, men av hvordan du velger å se på ting. Det er brillene du velger å ta på deg som vil avgjøre hvordan du vil ha det i ditt eget spill.

I en kausal verden, ta ansvar for årsaken og elsk virkningene, uansett hvordan de kommer. Og etter å ha lekt en stund i verden av årsak og virkning, inviterer jeg deg til å ta et skritt videre: å se på livet som et vev av perfekte synkronier. For når alt kommer til alt, vet du det allerede: Gud spiller ikke terninger. Det er derfor du leste denne boken. Det er derfor jeg skrev den.

VI ER IKKE SKILT

Du er ikke atskilt fra absolutt ingenting.

I årevis fikk de oss til å tro det motsatte. De lærte oss å se separasjon, konflikt og splittelse. Å tenke at den andre er en «annen», at det ytre ikke har noe med oss å gjøre. Og slik glemte vi den grunnleggende sannheten: *alt henger sammen.*

Sinnet påvirker direkte alt som eksisterer. Kroppen er ikke «deg», den er en forlengelse av deg. Denne boken du holder i hånden er det også. Ordene er ikke utenfor: de blir født i sinnet ditt. Og jeg, som skrev dette, eksisterer bare fordi du tror at jeg eksisterer.

Slik fungerer det. Det ville være lett å forstå hvis det var sannheten vi spiste til frokost, lunsj og middag hver dag.

Men vi ble fortalt noe annet.

De fortalte oss at vi er endelige, at vi er adskilte, at vi er denne kroppen, denne historien, dette livet som vi «fikk».

Men det er ikke det vi er. Vi er mye mer.

Og det er ikke en poetisk setning. Det er ikke et ordspill. Det er et faktum. Det er bare å koble sammen punktene. Det er den grunnleggende sannheten. Den som bærer alt.

Den samme som gjør at du en dag våkner med betent albue og forstår at løsningen ikke er en pille, men å fullføre en bok. For kroppen snakker. Livet svarer. Og symptomet er ikke et problem: det er alltid et budskap.

Ingen kan fortelle deg hvordan du skal leve. De kan stille diagnoser, komme med forslag eller meninger, men prognosen vil alltid avhenge av deg.

«Livet er ikke slik det er. Livet er slik vi er».

Vi skaper etter bildet og likheten av det vi har i tankene. Vi er ett med Gud fordi Han er ett med oss. Han er i alt: oppe, nede, inne, ute. Det er ingen skille.

Språket hjelper oss å forstå, men vi trenger ikke engang ord for å vite dette. Innerst inne vet vi det allerede.

Bare at vi forteller oss selv en historie. En nyttig historie, kanskje nødvendig. Men den historien har allerede fullført sin syklus.

Vi lever i begynnelsen av en ny æra av bevissthet. I denne æraen skjuler ikke Sannheten seg eller venter: den viser seg så snart noen anerkjenner den. Og jo lenger man kommer, jo flere skygger dukker opp; jo mer den skinner, jo flere insekter kommer til lyset. Men husk: skyggen dukker ikke opp for å stoppe deg, men for å bekrefte at det allerede er lys. Å se den er et tegn på at du kan belyse den. Og når du belyser den, slutter den å være en skygge.

Denne siste meldingen er ikke en avslutning. Den er en pause. En innledende pause.

En enkel invitasjon: hver gang du ser noe «utenfor» – i kroppen din, i en annen person, i hjemmet ditt, i partneren din, i kjæledyret ditt eller i verden – still deg selv ett spørsmål:

Hva vinner du på å tro dette? Hva vinner du på å skape denne virkeligheten?

For din virkelighet er ikke den samme som noen i Kina. Eller noen i Venezuela. Og likevel kommer alt fra samme kilde.

Alt du tror på, manifesterer seg.

Og det bringer deg tilbake til sentrum av din kraft. Den kraften som kanskje ble manipulert, undertrykt eller forvirret...

Men som du ikke lenger trenger å gi etter for.

Det er ikke lenger nødvendig å lete etter Gud utenfor deg selv.

Det er ikke lenger nødvendig å leve et liv basert bare på det pragmatiske.

Det er ikke lenger nødvendig å handle ut fra frykt.

Gud er i deg.

I en blomst.

I himmelen.

I kroppen din.

I tankene dine.

Tenker du med Gud eller uten Ham? Det er ikke mer enn det.

Historien om at djevelen kan styre livet ditt er ikke sann. Det eneste som kan skje er at du forsømmer tankene dine. Men det er ikke mulig å vende seg bort fra Gud. Hvis du er i live, er det fordi Gud er det.

Så kanskje det hele handler om å være takknemlig.

Takk for at du leser denne boken.

Takk for at du holder den.

Takk for at du tillot deg å motta den.

Takk til den som ga den til deg.

Takk for at du har minnet deg selv gjennom disse ordene.

Takk for at du skapte meg.

Jeg er deg.

Og denne boken...

var bare ekkoet

av ditt eget kall.

Kanskje Gud ikke er et svar,

men selve spørsmålet som puster.

Jeg omfavner ham i minnet om det evige. Må kjærligheten alltid følge ham og må fred lyse opp hans dager.

VEIEN SLUTTER IKKE HER

Hvis denne boken har rørt noe i deg, ikke stopp her. Hvert ord ble sådd med den hensikt å vekke, men den virkelige forvandlingen begynner når det frøet sprer seg utover sidene.

Jeg har skapt et rom kalt Escuela Disruptiva, hvor jeg følger dem som ønsker å bringe denne oppvåkningen inn i sitt praktiske liv: å forlate systemet, ordne sitt vesen og bygge en virkelighet med mening og frihet. Der deler jeg direkte undervisning og live veiledning for dem som er klare til å ta neste steg.

Og hvis du føler kallet til ikke bare å forvandle livet ditt, men også til å dele denne sannheten med andre, er det mulig å bli en bevissthetssåer. Det betyr at du kan anbefale dette budskapet til verden, og ved å gjøre det, også motta velstand. For når man sår utvidelse, gir livet tilbake mangedoblet.

Veien fortsetter. Valget er nå ditt.

Få mer informasjon om hvordan du kan bli en del av Skolen eller Bevissthetssåerne ved å skanne QR-koden nedenfor:

FLERE BØKER AV FORFATTEREN

Hvert verk jeg har skrevet er ikke bare en bok: det er en portal til et nytt lag av din sannhet. Her er navnene deres, så du kan søke etter dem og se hvilken som resonerer med deg nå. For å se andre titler, gå til disruptiveacademy.com

Lær det eneste prinsippet

Når alt det ytre faller sammen, gjenstår det bare å se innover. Denne boken lover ingen formler: den konfronterer deg med roten. «Kjenn det eneste prinsippet» er veiledningen for å huske hvem du er når det ikke lenger er masker å opprettholde.

Ro

Den eneste måten å komme i kontakt med sjelen din på. Et enkelt, men dyptverk for å gjenopprette kontakten med det essensielle: den indre stillheten og den absolutte freden i skapelsen.

Livets sanne mening

En reise mot en dyp forståelse av hvorfor du er her, hva du kom for å levere og hvordan du kan huske din misjon.

Kraften i 60·90·60

Kroppen er ikke en fiende som må korrigeres, men et tempel som må huskes. Denne boken avslører formelen som forener disiplin, tilstedeværelse og formål for å vekke din fysiske, mentale og åndelige kraft.

De rikes evangelium

En bok som avprogrammerer knapphet, avslører kulissene bak finanssystemet og aktiverer frekvensen som tiltrekker penger – ikke gjennom anstrengelse, men gjennom sannhet.

Satseupser

Spørsmålene du alltid har stilt deg, får endelig svar. En bok for de som søker det dypeste: Hva er intet? Hvem er vi? Er tiden virkelig? Er månen en naturlig satellitt? Hvor kommer vi fra?

TILLEGGSMATERIALE FOR DIN UTVIKLING

For å gå dypere inn i dette verket og fortsette utvidelsen, har vi laget et eksklusivt digitalt rom med tilleggsmateriale. Der finner du levende ressurser: fra relaterte bøker og praktiske verktøy til audiovisuelt innhold, opplæring og guidede opplevelser som utvider det du har lært på disse sidene.

1. Skann QR-koden.
2. Opprett din gratis konto på Disruptive Academy.
3. Bruk **koden 222** når du er inne, og oppdag materialet som er tilgjengelig for deg.

(Tilgangen er personlig og kan oppdateres med nytt innhold i takt med utviklingen av hvert verk.)

www.ingramcontent.com/pod-product-compliance
Lightning Source LLC
Chambersburg PA
CBHW072108010526
44111CB00037B/2044